JN185287

公認会計士、亜細亜大学名誉教授
碓氷悟史
Satoshi Usui

西武信用金庫は

お客さまを絶対的に支援する

あさ出版

お客さまの課題解決はお客さま自身でやろうとせず西武信用金庫の「人」「物」「金」「情報」を活用している

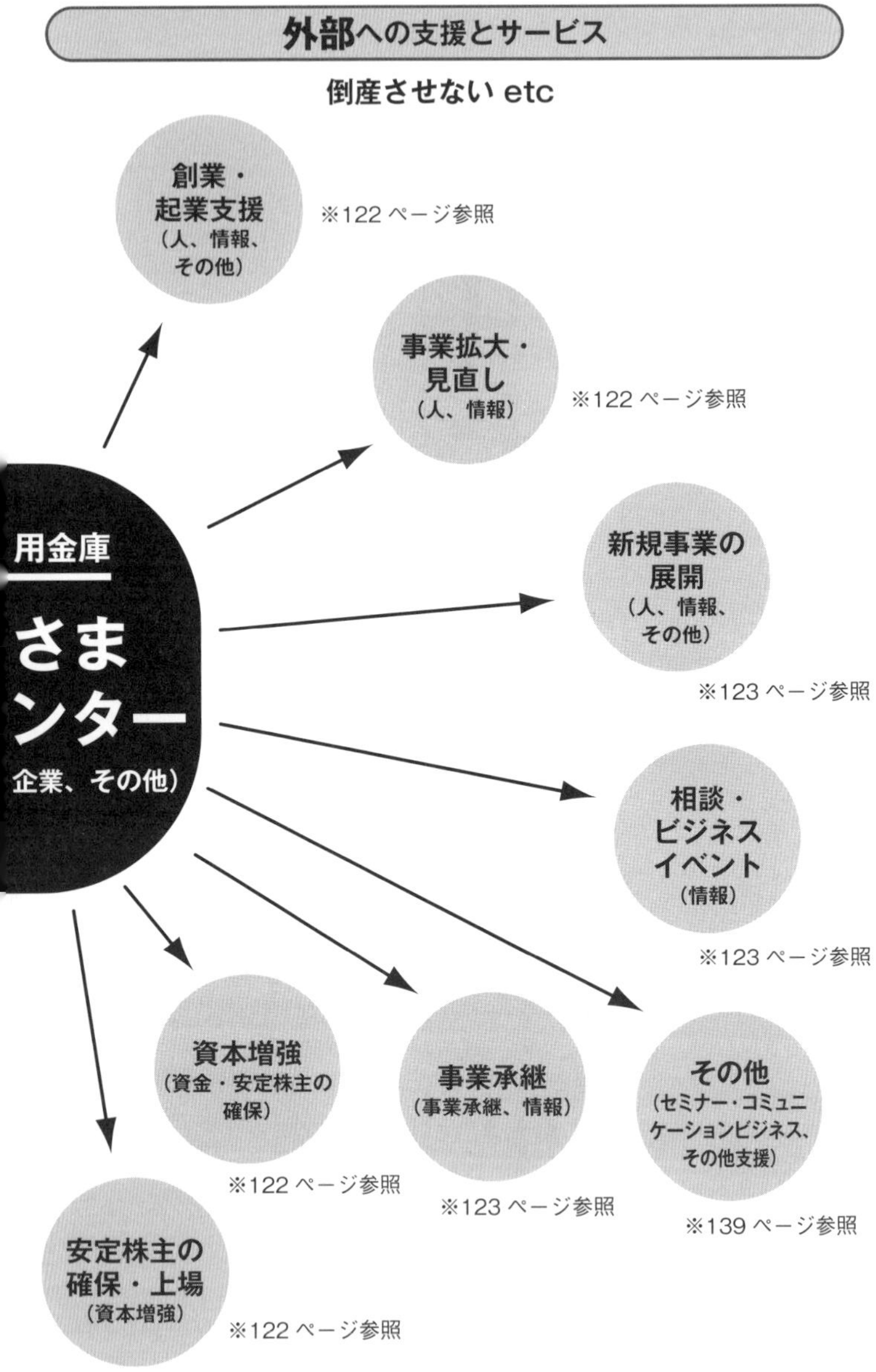

飛躍成長の源泉—ビジネスモデルイメージ

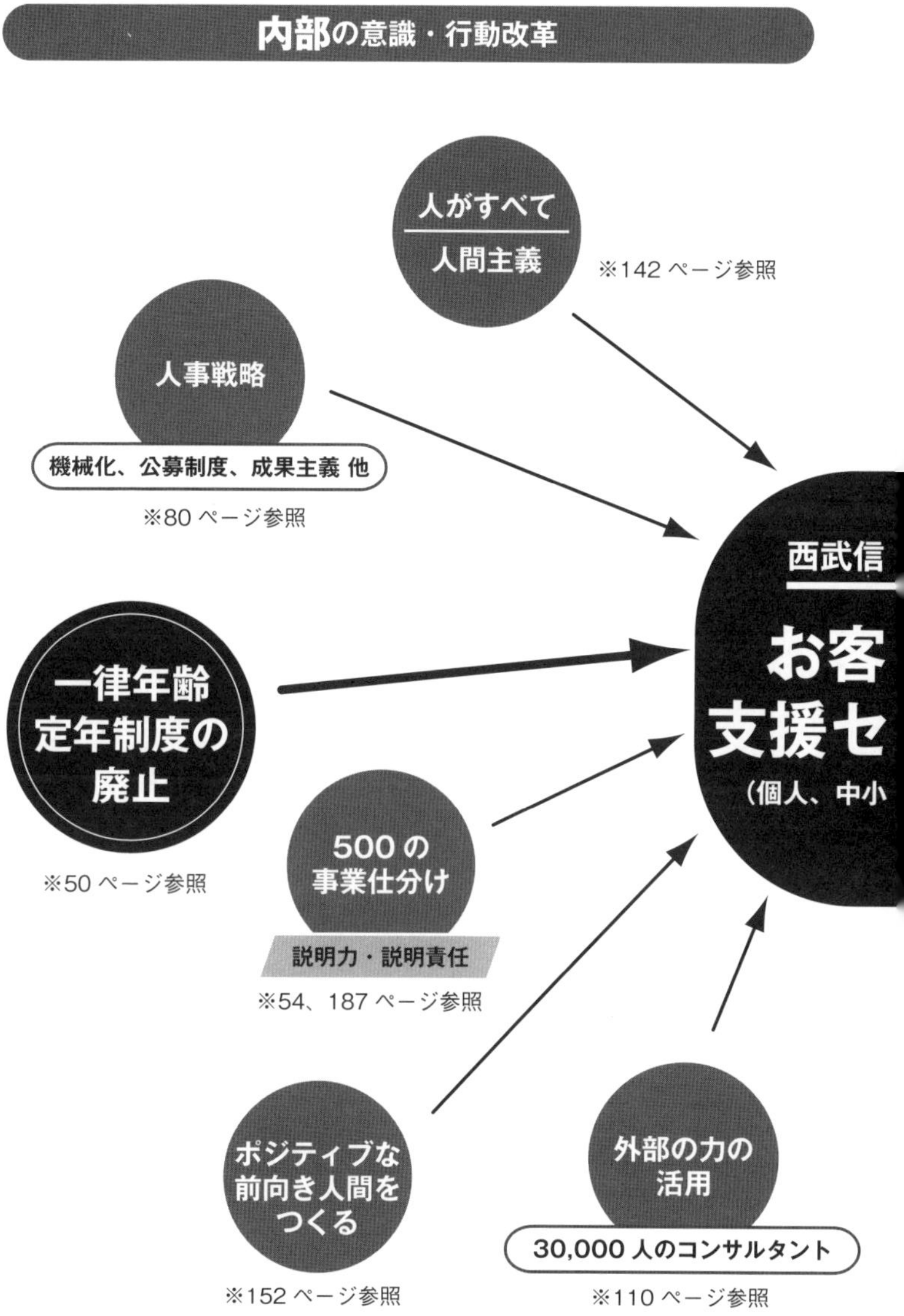

金融業という枠を超えて、「相互扶助」の
観点でサービス業を目指していることがわかる

まえがきに代えて　出会い

著者と西武信用金庫理事長の落合寛司との出会いは、彼が亜細亜大学同窓会「青々会（卒業生9万人超）」の会長として出席した、亜細亜大学卒業式のときでした。

著者の、亜細亜大学との関係は、50年以上になります。教鞭をとって42年在職しましたが、卒業生に対する青々会落合会長の祝辞での内容が、今でも著者の頭の中にまざまざと甦るのです。

要約すると、つぎの3点です。

1　責任を他人や世の中のせいにするな！　すべての責任は自分の責任である

2　何事につけ、ポジティブであれ！

3　情報社会であるから、友人とのネットワークをつくれ！

この3点であったと記憶しています。

この時、名誉教授として壇上の後ろで聞きながら、フッと頭をよぎったのは、著者がこの24年ほど、研究している日本の大哲人と言われた中村天風師の心身統一法における教えのことでした。

天風師の基本的考え方は、「日常、精神状態（心の態度）を〝絶対積極〟にして活きる」こと。そして、「自分のすべての行為・行動・言葉を社会のせいや、他人のせいにするな」ということ、また、「すべての結果は、自分の行為・行動・言葉の結果である」と。

さらに、心身統一法とは、人間を幸せにするのに必要な条件を完全に創り上げる方法（How to do）で、宗教や哲学、あるいは単なる療養法や健康法ではないとされています。

絶対積極とは、今の言葉で言うと〝絶対プラス思考〟ということです。

著者は、落合の、卒業式でのこの祝辞を聴いて、この人は、中村天風師を知っているか、知っていないかは別にして、亜細亜大学の創立学長・太田耕造先生（自助協力を建学の精神とした）の卒業式での卒業生への〝別れの言葉〟を聞いて以来の感動を受けたのです。

著者が落合を人として、経営者として、経済人として優れているなと自覚した瞬間でした。

この出会いをきっかけとして、西武信用金庫に興味を持ちました。また、著者自身がツカモトコーポレーションの支援により、ＮＰＯ心創り・智慧創り研究所所長として、中村天風師の心身統一法について24年間、研究し続けている関係で心の健康を中心とした生き方を勧めており、また、西武信用金庫がＮＰＯ自体を力強く支援している関係もあって、落合と親しくなるようになりました。そのことから著者の関係するＮＰＯ心創り・智慧創り研究所による〝きものによる八王子街づくり〟の支援に協賛いただき、仕事関係でもプライベート関係でもお会いする機会が多くなり、それがこのたびの本書出版の運びとなりました。

なお、この場を借りて、あさ出版のみなさんには厚く御礼申し上げます。

２０１６年10月

著者

まえがきに代えて（出会い）……4

第1章 西武信用金庫のお客さまのすごさ

就任前後10年間のグラフからわかる！

第2章 プロ経営者としての落合寛司誕生の原点

第3章 「年齢による定年制度の廃止」がもつ意味を考える

第4章 人事考課の快

本書のまとめ

第1章

就任前後10年間のグラフからわかる！

西武信用金庫のお客さまのすごさ

まず、最初に落合寛司理事長が率いる西武信用金庫の、この10年（2006年3月から2015年3月まで）の業績の推移を分析する（2016年3月期も参考として示しています）。手始めに営業成績からみていく。この成績を見る場合、3つの利益額で判断するのが一般的。

「営業成績」の推移を見る

――3つの利益とも爆発的な成長を続ける（すべてお客さまが作り上げた実績）

当期純利益――右肩上がりの成長

1年間の税金を引いた後の最終利益である当期純利益の、10年間の推移を見ていきます。

落合理事長就任前5年間の当期純利益の合計額は、207億円です。

就任後の5年間（2011年～2015年）の当期純利益の合計額は、274億円です。就任前5年間より67億円増加しました。年平均にしますと毎年13・4億円の増加となっています。次ページに図示します。

● 当期純利益の10年間の推移

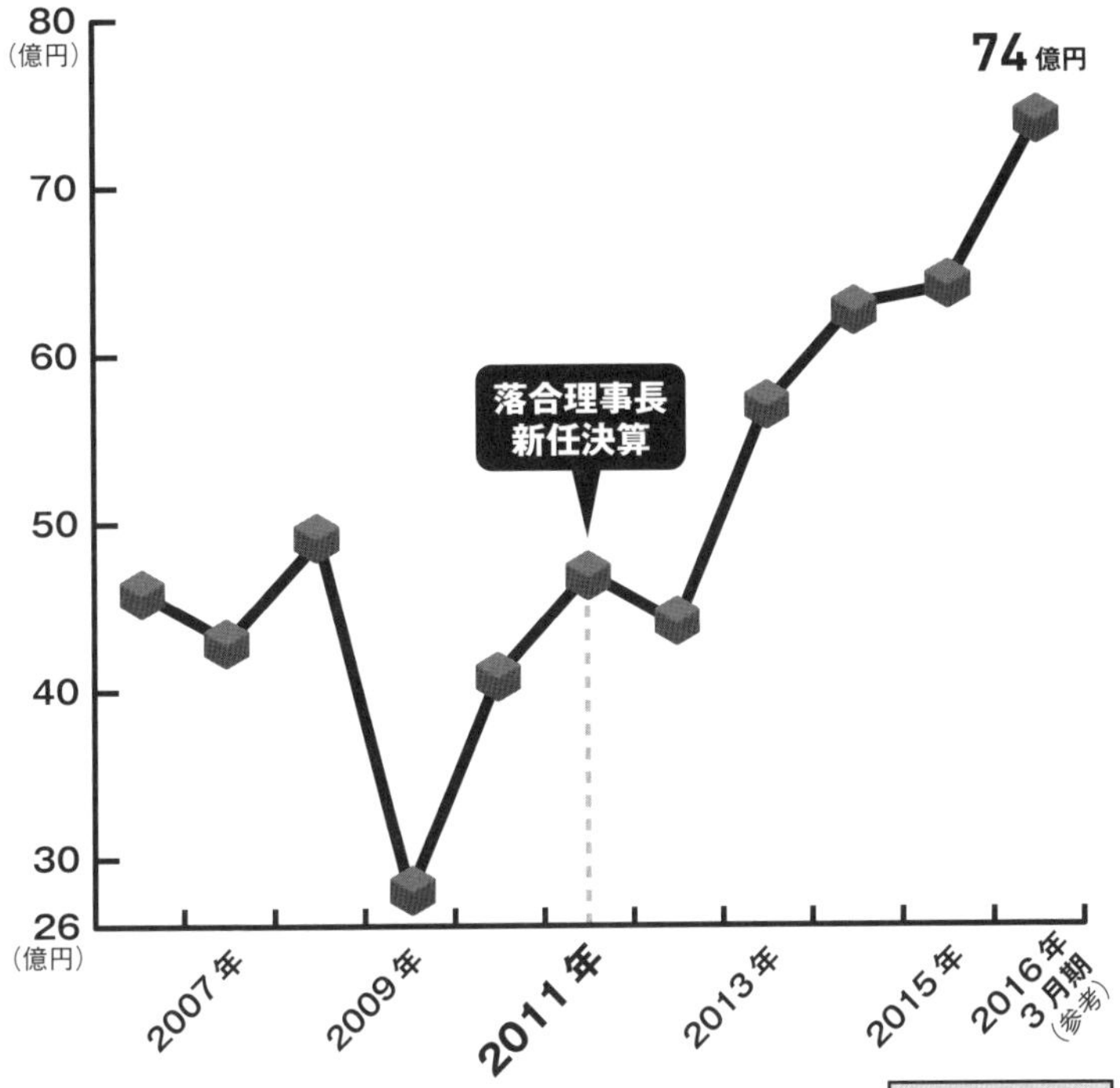

2016年3月
74億円

● 当期純利益の10年間の推移と分析

（単位：億円未満四捨五入）

2006年3月	2007年3月	2008年3月	2009年3月	2010年3月
46億円	43億円	49億円	28億円	41億円

就任(前) 5年間の当期純利益の合計額 **207億円**

（落合理事長就任 2010 年 6 月）

2011年3月	2012年3月	2013年3月	2014年3月	2015年3月
47億円	43億円	57億円	63億円	64億円

就任(後) 5年間の当期純利益の合計額 **274億円**

２００９年３月に、いったん28億円まで落ちるのです（リーマンショック）が、とくに、落合理事長就任（２０１０年６月）以降、右肩上がりで当期純利益を上げていることがわかります。

経常利益――いっそうの右肩上がり成長

今度は１年間の経常上の利益である経常利益の、10年間の推移を見てみます。就任後の５年間の合計額は就任前５年間より１４１億円増加しました。年平均にしますと毎年28・２億円の増加となっています。

次ページに図示します。

リーマンショックで同じく２００９年３月に、いったん26億円まで落ちるのですが、とくに、落合理事長就任以降、右肩上がりで経常利益を上げていることがわかります。

異常な損益を含めた当期純利益よりも、１年間での経営上の利益のほうが、落合理事長就任以降、明らかに右肩上がりをし、２０１４年、

● 経常利益の10年間の推移

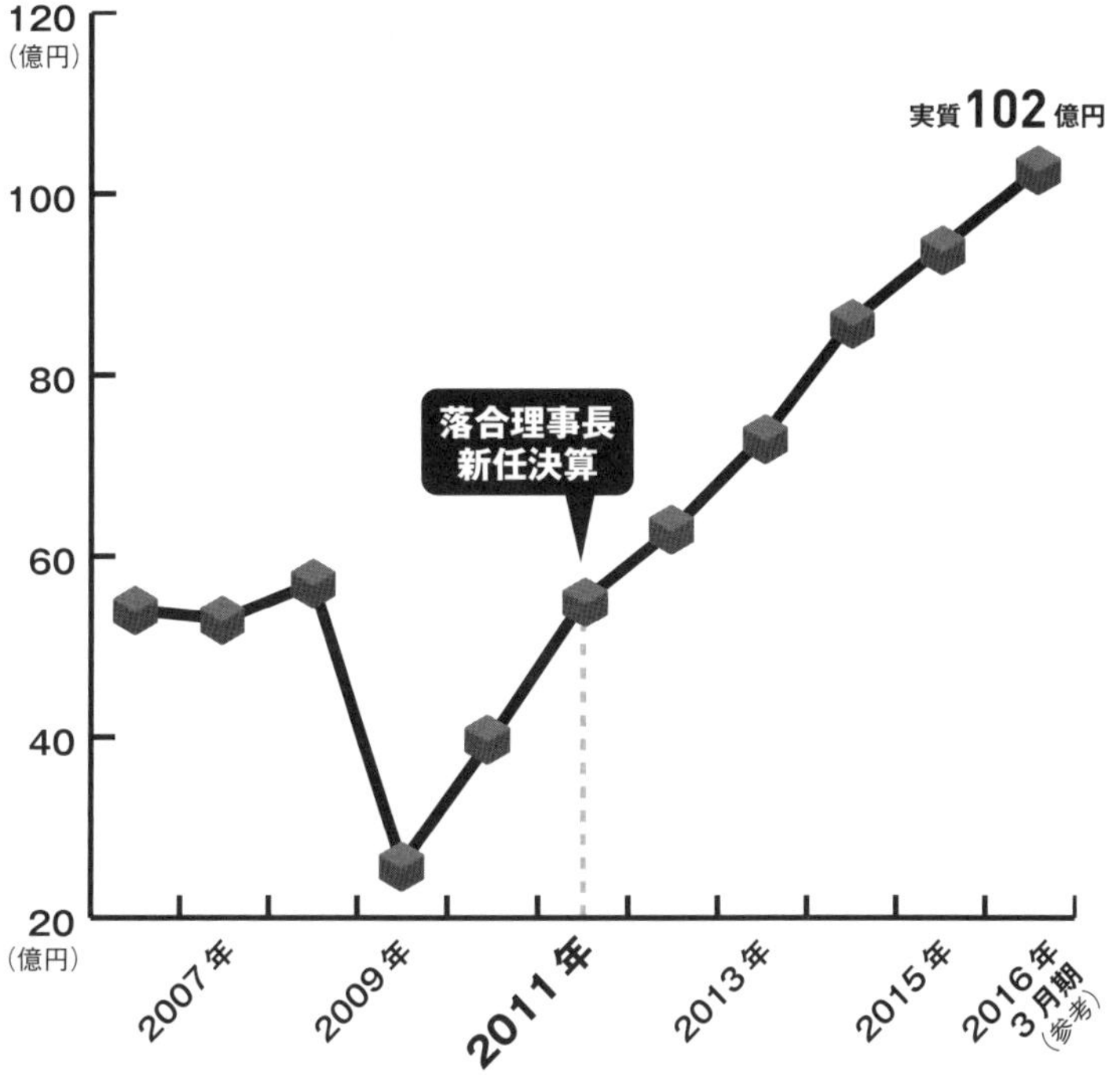

2016年3月
102億円

● 経常利益の10年間の推移と分析

(単位：億円未満四捨五入)

2006年3月	2007年3月	2008年3月	2009年3月	2010年3月
54億円	53億円	57億円	26億円	40億円

就任(前)　5年間の経常利益の合計額　230億円

(落合理事長就任 2010 年 6 月)

2011年3月	2012年3月	2013年3月	2014年3月	2015年3月
55億円	63億円	73億円	86億円	94億円

就任(後)　5年間の経常利益の合計額　371億円

ちなみに、就任以前の5年間の平均経常利益額　46 億円
これに対して、就任後の5年間の平均経常利益額　74 億円

２０１５年には、これまでの2倍に近づいているのです。

業務純益（本業の利益）――貸倒関係激減によるダブル効果での急増

次に、１年間の本業（その企業の経営目的活動）から生じる利益である業務純益（本業の利益）の10年間の推移を見てみます。

これを図示すると17・19ページの通りです。

就任後の5年間の合計額は就任前5年間より27億円、増加しました。

ちなみに、就任以前の５年間の平均業務純益額は、73億円です。

これに対して、就任後の５年間の平均業務純益額は、78億円です。

平均すると、毎年5億円増えていることがわかります。

これを図示すると、17・19ページの通りです。

ところで、本業の利益は就任後5年間の増加27億円に対して、経営上の利益である経常利益の就任後5年間の増加は、１４１億円と巨額です。

この差は、どういうことでしょうか。

● 業務純益（本業の利益）の10年間の推移と分析

（単位：億円未満四捨五入）

2006年3月	2007年3月	2008年3月	2009年3月	2010年3月
72億円	76億円	73億円	64億円	78億円

落合理事長就任前５年間の本業の利益の合計額　**363億円**

（落合理事長就任 2010 年 6 月）

2011年3月	2012年3月	2013年3月	2014年3月	2015年3月
75億円	76億円	75億円	76億円	88億円

落合理事長就任後５年間の本業の利益の合計額　**390億円**

● 落合理事長就任前５年間の貸倒関係

（単位：百万円）

区分	貸倒関係	2006年	2007年	2008年	2009年	2010年
経常損益	貸倒引当金繰入	- 619	-2,471		-192	-768
	貸出金償却	- 10	- 8	-570	-3,671	-2,718
	小計	- 629	-2,479	-570	-3,863	-3,486
特別利益	貸倒引当金繰入			+276		
	償却債権取立益	+595	+755	+834	+641	+657
	小計	+595	+755	+1,110	+641	+657
貸倒関係	合計	-34	-1,724	+540	-3,222	-2,829

結局、落合理事長就任前５年間の貸倒関係の損失合計は
7,269百万円です。

● 落合理事長就任後５年間の貸倒関係

（単位：百万円）

区分	貸倒関係	2011年	2012年	2013年	2014年	2015年
経常損益	貸倒引当金繰入				-62	-428
	貸出金償却	- 1,174	-1,108	-923	-865	
	小計	- 1,174	-1,108	-923	-927	-428
＊特別利益	貸倒引当金繰入	+233	+344	+107		+110
（経常損益）	償却債権取立益	+792	+462	+904	+531	+339
	小計	+1,025	+806	+1,011	+531	+449
貸倒関係	合計	-149	-302	+ 88	-396	+ 21

＊2012年から、貸倒引当金戻入と償却債権取立益は、経常損益に計上されています。

結局、落合理事長就任後５年間の貸倒関係の損失合計はたった
738百万円で、就任前のほぼ10分の1です。

この差の分析をしていくと最も影響を及ぼしているのは貸倒関係です。

そこで、落合理事長就任前5年間の貸倒関係を見ますと、17・19ページの通りです。

就任前と就任後で貸倒関係の損失は、65億3,100万円減っており、これが経常利益と当期純利益を押し上げていることがわかります。

これは、落合流の融資先を倒産させないという落合哲学から生じる利益の増加となります。

落合哲学では、倒産させると債権額の70%くらいが損失となり、助けるための費用は一般的には40%くらいで済むことから、倒産させなければ30%儲かることになるため、倒産させないのです。

図示すると17・19ページの通りです。

いずれにしろ、落合理事長就任後の5年間で業務純益も27億円増加しています。

そこで、次節はこの10年間の貸出金の推移を見てみましょう。

● 就任前後10年間の「業務純益（本業の利益）」「貸倒関係」の推移

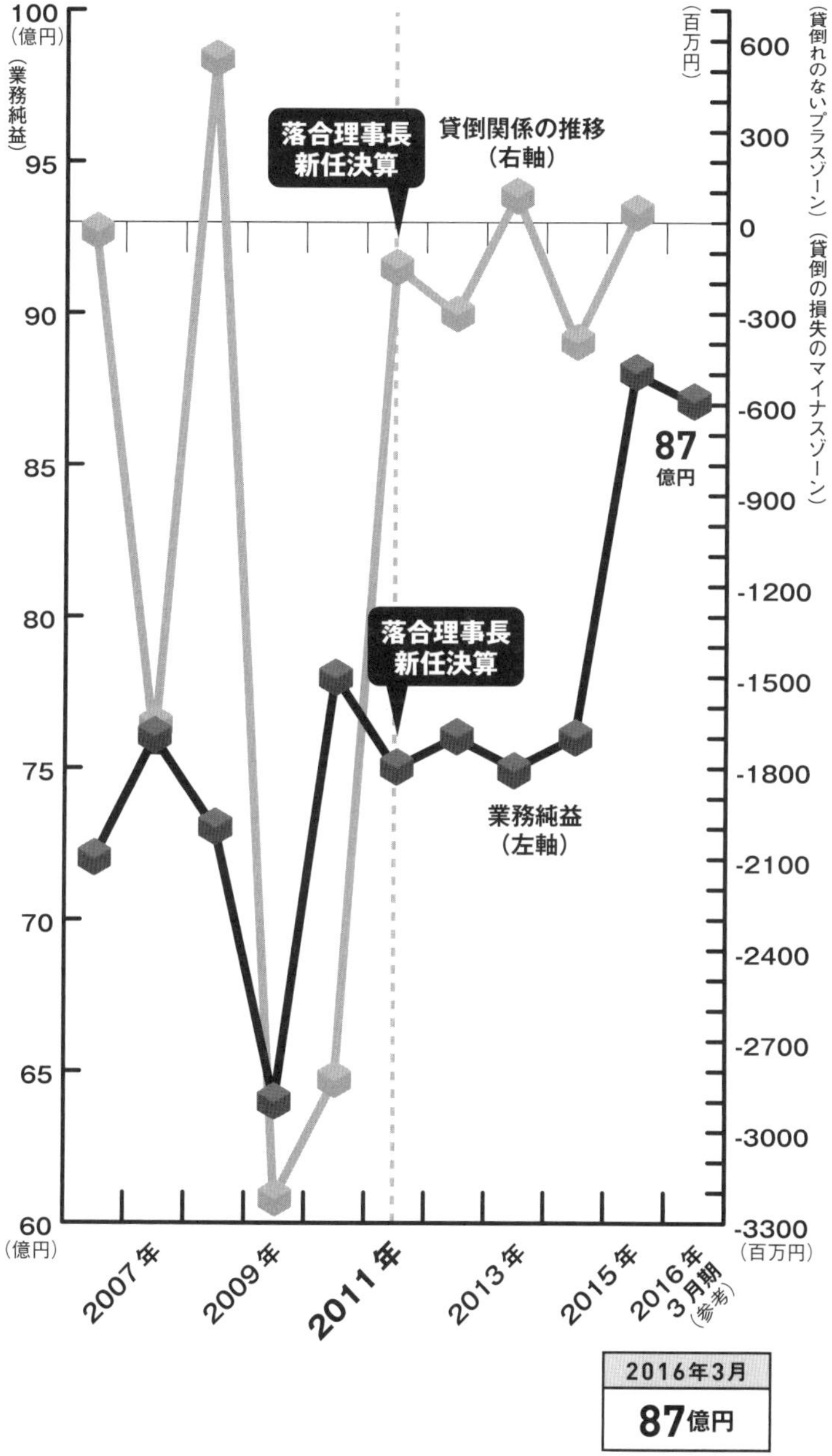

「貸出金」の推移を見る

――異例なまでに増加しているのがわかる

2006年から2015年までの貸出金の推移は、21・23ページの通りです。最も、収益の中心である貸出金利息の元になりますが、この3～4年でものすごく増加しています。貸出金の増加率のすごさを物語っています。

参考までに、この10年間の増加額の推移を見ていきますと落合理事長就任後5年間の貸出金増加額は非常に顕著です。

図示すると21・23ページの通りです。

ついでに、業務収益の中心である貸出金利息の10年間の推移は21・23ページの通りです。10年前の金額と比べて約30億円増加しています。

落合理事長就任前後10年間の貸出金の推移

（単位：百万円）

	2006年	2007年	2008年	2009年	2010年
貸出金額	847,341	848,417	880,860	900,582	891,690

就任（前） この５年間の増加額 **443**億円

（単位：百万円）

	2011年	2012年	2013年	2014年	2015年
貸出金額	916,427	956,439	994,097	1,064,899	1,126,827

就任（後） 落合理事長就任後の５年間の増加額 **2,104**億円

就任前の５年間の443億円の**4.7**倍の増加

2016年
1,250,046

貸出金増加額の推移

就任（前）

（単位：億円；億円未満四捨五入）

	2006年	2007年	2008年	2009年	2010年
増加額	—	11	324	197	-89

＊合計額を一致させるため（上の443億円）基準年は数字を入れていません。

就任（後）

（単位：億円；億円未満四捨五入）

	2011年	2012年	2013年	2014年	2015年
増加額	—	400	377	708	619

＊合計額を一致させるため（上の2,104億円）基準年は数字を入れていません。

落合理事長就任後５年間の貸出金増加額は、非常に顕著です。

2016年
1,232

業務収益の中心である貸出金利息の推移

就任（前）

（単位：百万円）

	2006年	2007年	2008年	2009年	2010年
貸出金利息	18,787	20,024	22,216	22,835	21,691

就任（後）

（単位：百万円）

	2011年	2012年	2013年	2014年	2015年
貸出金利息	21,252	21,230	20,864	21,079	21,742

2016年
22,679

この貸出金の増加は、金融機関の最も主要な目的である融資関係の中心となる業務です。もちろん、金融機関の中には、株式投資を中心とする投資で稼ぐ金融機関も存在しています（たとえば、信用金庫では高知信用金庫。地銀の黒字ではほとんどが株式投資からの利益になっています）。

金融庁は、約10年後、全国の地方銀行の60％が貸出や投資信託販売などの「本業」（前述した「業務純益」）において赤字に転落するという試算を公表しました。

これは、マイナス金利導入による貸出金利の低下の影響もありますが、現在、地銀では国債や株式の売却で高水準の利益を維持しています。しかし、10年後には、地銀の経営は成り立たなくなるという内容です。

地銀では２０１５年３月期で40％が赤字（損失）です。

このような金融機関の流れを見ると、ここで見た西武信用金庫の貸出金の増加はきわめて異例のことと考えられます。

● 就任前後10年間の「貸出金」「貸出金増加額」「貸出金利息」の推移

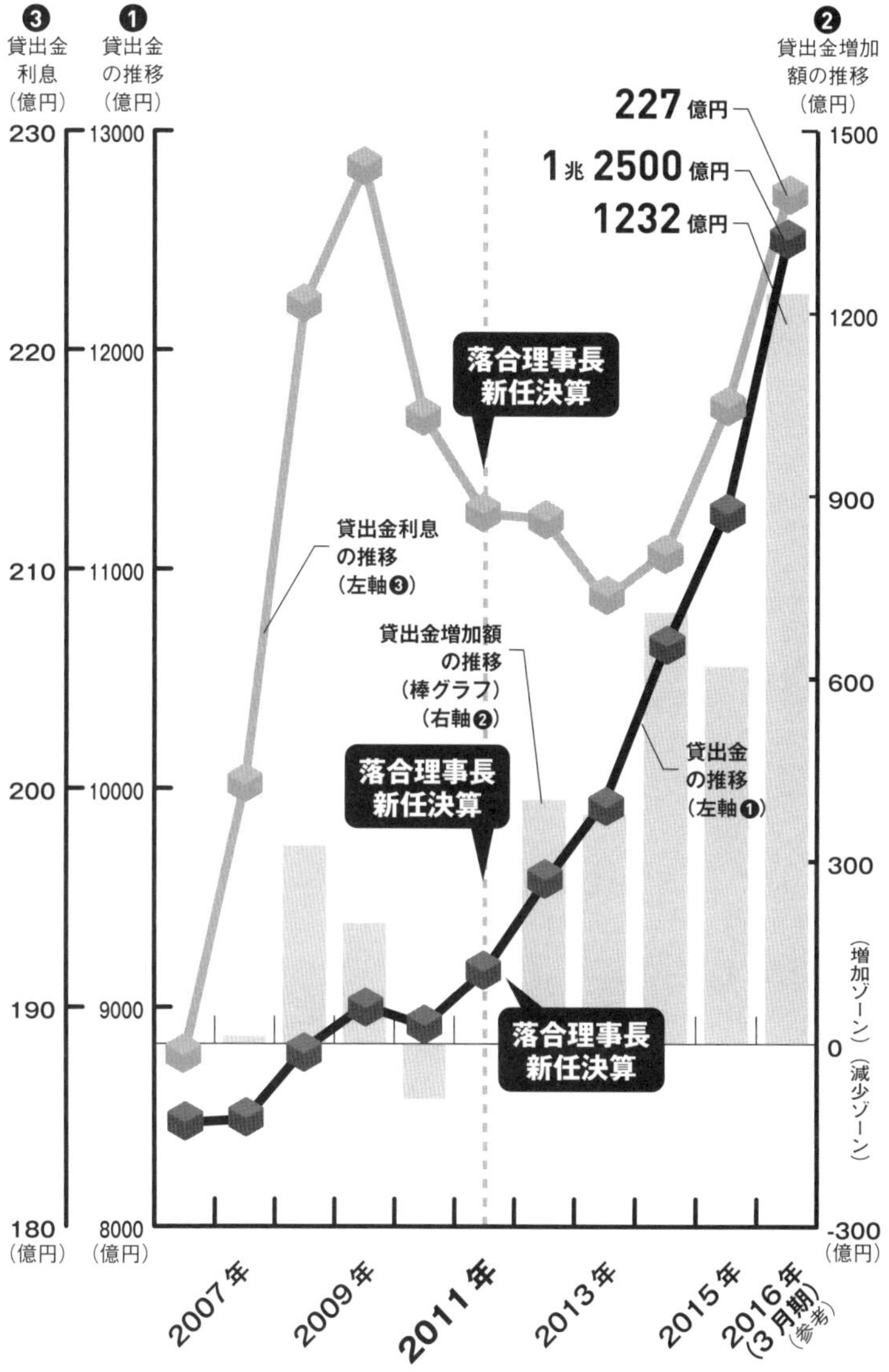

「預金残高」の推移を見る

――マイナス金利下でも長期預金金利は引き上げる

２００６年から２０１５年までの預金残高の推移は25・27ページの通りです。

前節で見た貸出金の源になるのが預金残高です。

これを、図示しますと25・27ページの通りです。

預金残高増加率のすごさを物語っています。

参考までに、この10年間の増加額の推移を見ますと25・27ページの通りです。

この預金の増加は、金融機関の業務の中心である貸出と投資の元本（元手）となります。

● 就任前後10年間の預金残高の推移

就任(前)

（単位：百万円）

	2006年	2007年	2008年	2009年	2010年
預金残高	1,217,571	1,210,307	1,235,729	1,262,989	1,295,400

この５年間の増加額　**778**億円

就任(後)

（単位：百万円）

	2011年	2012年	2013年	2014年	2015年
預金残高	1,330,889	1,360,372	1,415,182	1,488,764	1,545,185

落合理事長就任後の５年間の増加額　**2,143**億円

就任前の５年間の778億円の**2.8**倍の増加

（参考）

2016年
1,643,616

● 就任前後10年間の預金残高増加減少額

就任(前)

（単位：億円未満四捨五入）

	2006年	2007年	2008年	2009年	2010年
増加額	–	-73	254	273	324

＊合計額を一致させるため（上の778億円）基準年は数字に入れていません。

就任(後)

（単位：億円未満四捨五入）

	2011年	2012年	2013年	2014年	2015年
増加額	–	295	548	736	564

＊合計額を一致させるため（上の778億円）基準年は数字に入れていません。

落合理事長就任後５年間の貸出金増加額は、非常に顕著です。

（参考）

2016年
985

落合理事長が最も気がかりなのは、「ほとんど金利がつかない現在の金利政策による国民の預金に対する不安、心配が増えること」と推測できます。

そういうことから、２０１６年1月のマイナス金利導入に対して、長期預金の金利を引き上げるという戦略を素早く打ち出したわけです。

これは一地域金融機関であっても、国民感情によって、このマイナス金利導入によって預金が冷え込むことを心配しての戦略とも考えられます。

もちろん国民の借入資金の金利が下がることですから、若い国民の一つの夢である持ち家の取得がしやすくなります。しかし、著者としては、これ以上金利が下がると、今後の状況にもよりますが、預金よりリスクの高い投資に、若い世代の方々が転換していき、そのことにより悲劇も増え、格差が大きく生じることが予想されるため、懸念を感じています。

その点で考えますと、落合のこのやり方は、ただ単なる逆転の発想ではなく、未来社会を見つめた相互扶助の精神といえます。

● 就任前後10年間の「預金残高」「預金残高増加減少額」の推移

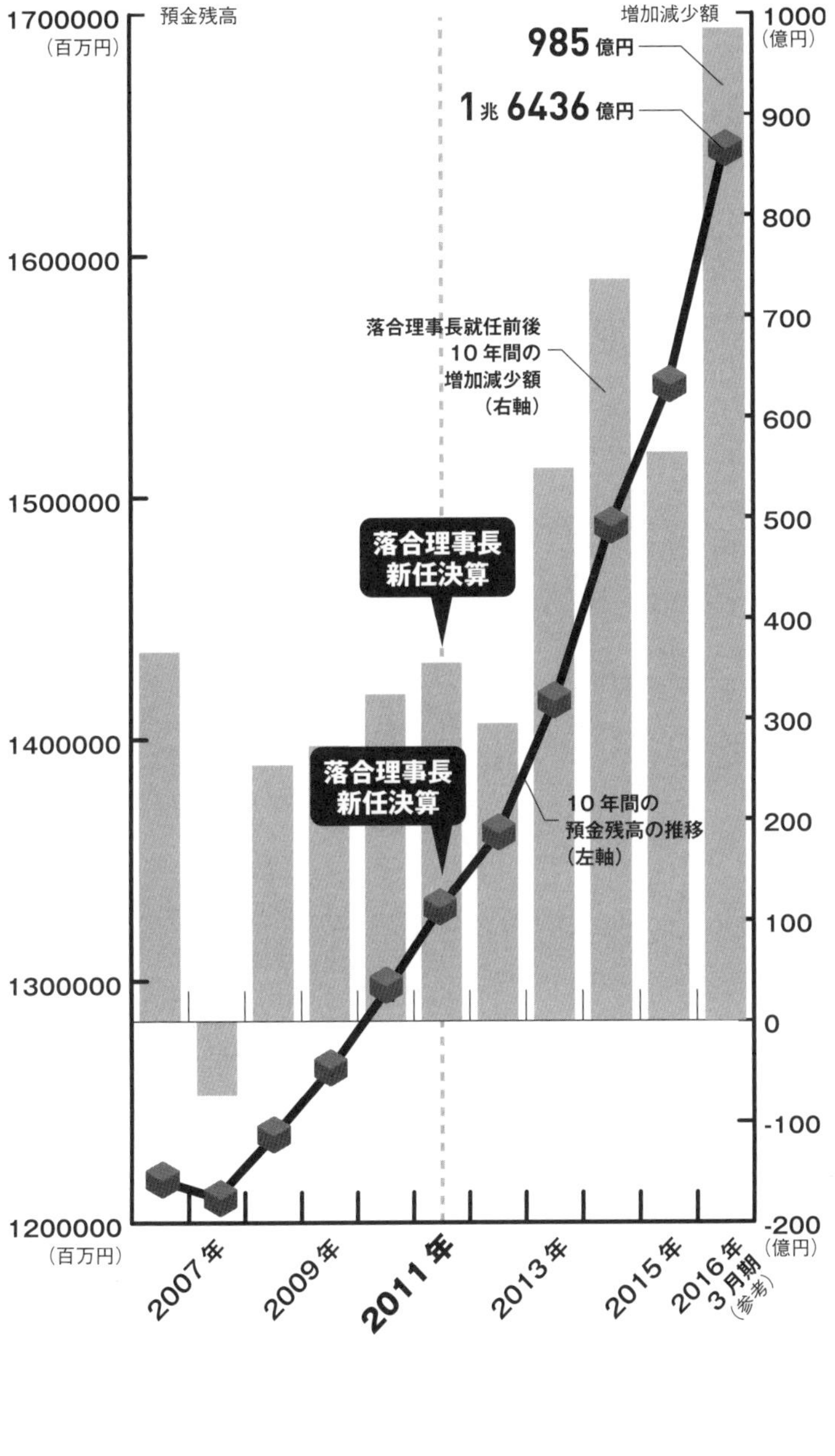

「預貸率」の推移を見る

――大手銀行9行の平均をしのぐ高回転率

預貸率とは、お客さまから預かった預金のうち、どのくらい銀行の経営活動の中心である貸出（融資）に回っているかを示すもので、その銀行の本業の効率さをあらわしていると考えられます。特に信用金庫は、地元活性化を推進するために最も大切な比率です。

２０１３年12月末時点での銀行の預貸率の平均は71・２%、信用金庫は、平均49・８%といわれています（「週刊ダイヤモンド」２０１４／２／22）。

２００６年から２０１５年までの預貸率の推移は29・31ページの通りです。落合理事長就任後は、銀行の平均値を超え、信用金庫トップです。

● 2006年から2015年までの預貸率の推移

就任㊒前

	2006年	2007年	2008年	2009年	2010年
預貸率	69.6%	70.1%	71.3%	71.3%	68.8%

信用金庫の平均値をはるかに超え、銀行並みです。

就任㊒後

	2011年	2012年	2013年	2014年	2015年
預貸率	68.9%	70.3%	70.2%	71.5%	72.9%

（参考）

2016年
76.1%

グラフの参考にあげましたように、平成28年（２０１６年）３月期の預貸率は、76・０５％と、信用金庫業界の47％［平成27年（２０１５年）３月期基準］を大きく上回っています。

金融機関全体で見ても、銀行１１４行の２０１５年３月期決算の国内銀行の預貸率は６年連続で低下していて、平均で67・７４％です。

なお、銀行１１４行の全体では、このような傾向にありますが、個別にみていきますと、預貸率が前年度と比較して上昇している銀行は70行あります。

大手銀行の９行の預貸率の平均は65・０５％です。

第２地銀の預貸率の平均は73・２６％です。

これらと比較しても西武信用金庫の預貸率は、はるかに超えていますから、本業や経営で成功していることがわかります。

その中味は、第２章以下を読んでいただければおわかりになります。

● 2006年から2015年までの預貸率の推移

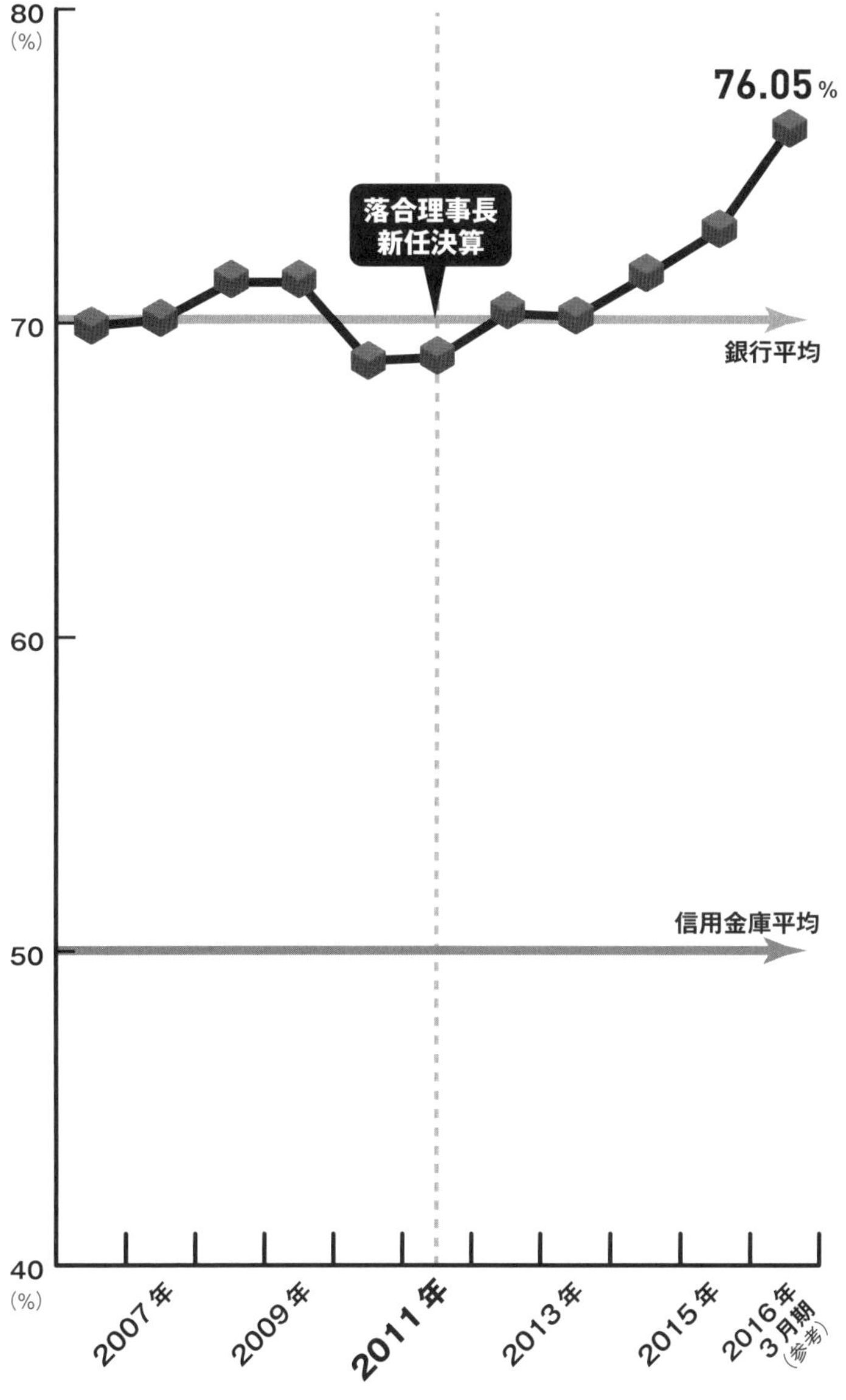

「利益剰余金」の推移を見る

——就任前の1・8倍まで蓄積が増加

利益剰余金は、過去の経営力を示す、唯一の指標です。

毎年の当期純利益から蓄積される設立からの利益の蓄積額（詳しくは拙著『3つの数字だけでわかる決算書の読み方』同文舘出版）で、一般の企業では理想の数値がありますが、金融業の場合には、運用する資産が巨額なので比率は意味を持ちません。

したがって、金額の大きさで評価することとなります。

西武信金の利益剰余金の10年間の推移は、33・35ページの通りです。

就任前の1・8倍強です。

● 利益剰余金の10年間の推移

就任(前)

(単位：百万円)

	2006年	2007年	2008年	2009年	2010年
利益剰余金	50,289	54,202	58,812	61,321	65,085

落合理事長就任前5年間の増加額　**148**億円

就任(後)

(単位：百万円)

	2011年	2012年	2013年	2014年	2015年
利益剰余金	69,507	73,435	79,156	85,658	92,034

落合理事長就任後5年間の増加額　**225**億円

(参考)

2016年
98,951

このことは、きわめて順調に蓄積が増えているということです。

超かんたんに言いますと、利益剰余金は、一般の家庭の貯金・預金に当たるものですからリスク管理に最も重要なものです。

ただし、一般家庭と違うのは、企業の場合は、貯金・預金とは限らないで、土地や建物になったりします。たとえば、いろいろなおカネ、モノ、権利になっているのです。

この10年間、利益剰余金が減ることなく、増え続けていることは、西武信用金庫の強みであり、安全性を高めることです。

33・35ページを見ればおわかりいただけるかと思いますが、西武信用金庫の利益剰余金は、毎年、毎年増加しています。

金融機関の過去の業績は、この利益剰余金の推移を金額で見ますので、この金額の推移は重要です。

この点で西武信用金庫は、適切な内部留保の必要性を自覚していることがはっきりとわかります。

● 利益剰余金の10年間の推移

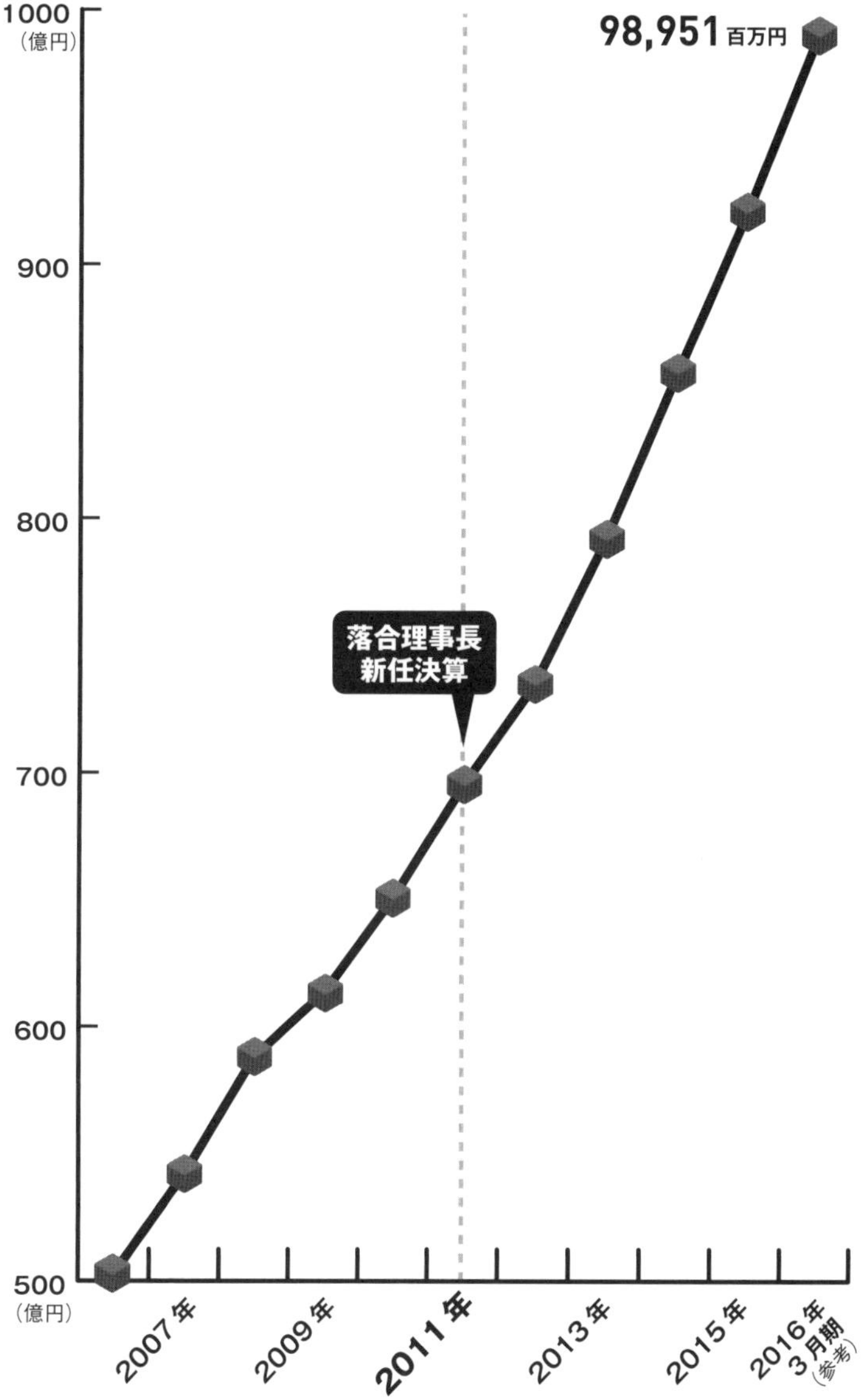

「不良債権比率」の推移を分析する

――実質、信用金庫トップの数字をたたき出す

次に、不良債権比率の10年間の推移を分析してみます。

この数字は、「週刊ダイヤモンド」（２０１４／２／22）号によりますと、２６７信用金庫の中で、２・８４％以下の信用金庫は次ページの通りです。

このような状況において、預金量、貸出金額から言って、実質、信用金庫トップと考えて良いと思います。

さらに、２０１５年３月期には、２・３４％と順位を上げています。

10年間の推移を見ますと37・38ページの通りです。

以上、西武信用金庫の10年間の財務診断をしてきましたが、落合理事長

● 不良債権比率2.84%以下の信用金庫

		不良債権比率	預金残高	貸出金額
1	遠軽信用金庫	1.63%	2,695億円	1,337億円
2	目黒信用金庫	1.84%	1,524億円	852億円
3	西尾信用金庫	2.21%	9,568億円	4,379億円
4	大阪商工信用金庫	2.29%	3,398億円	2,380億円
5	中栄信用金庫	2.50%	3,683億円	1,382億円
6	**西武信用金庫**	**2.84%**	**14,151億円**	**9,940億円**

● 不良債権比率の10年間の推移

就任(前)

	2006年	2007年	2008年	2009年	2010年
不良債権比率	3.88%	3.24%	2.89%	3.22%	3.63%

落合理事長就任前5年間の平均　**3.37%**

就任(後)

	2011年	2012年	2013年	2014年	2015年
不良債権比率	3.26%	3.31%	2.84%	2.78%	2.34%

落合理事長就任後5年間の平均　**2.91%**

（参考）

2016年
1.74%

● 不良債権比率　10年間の推移

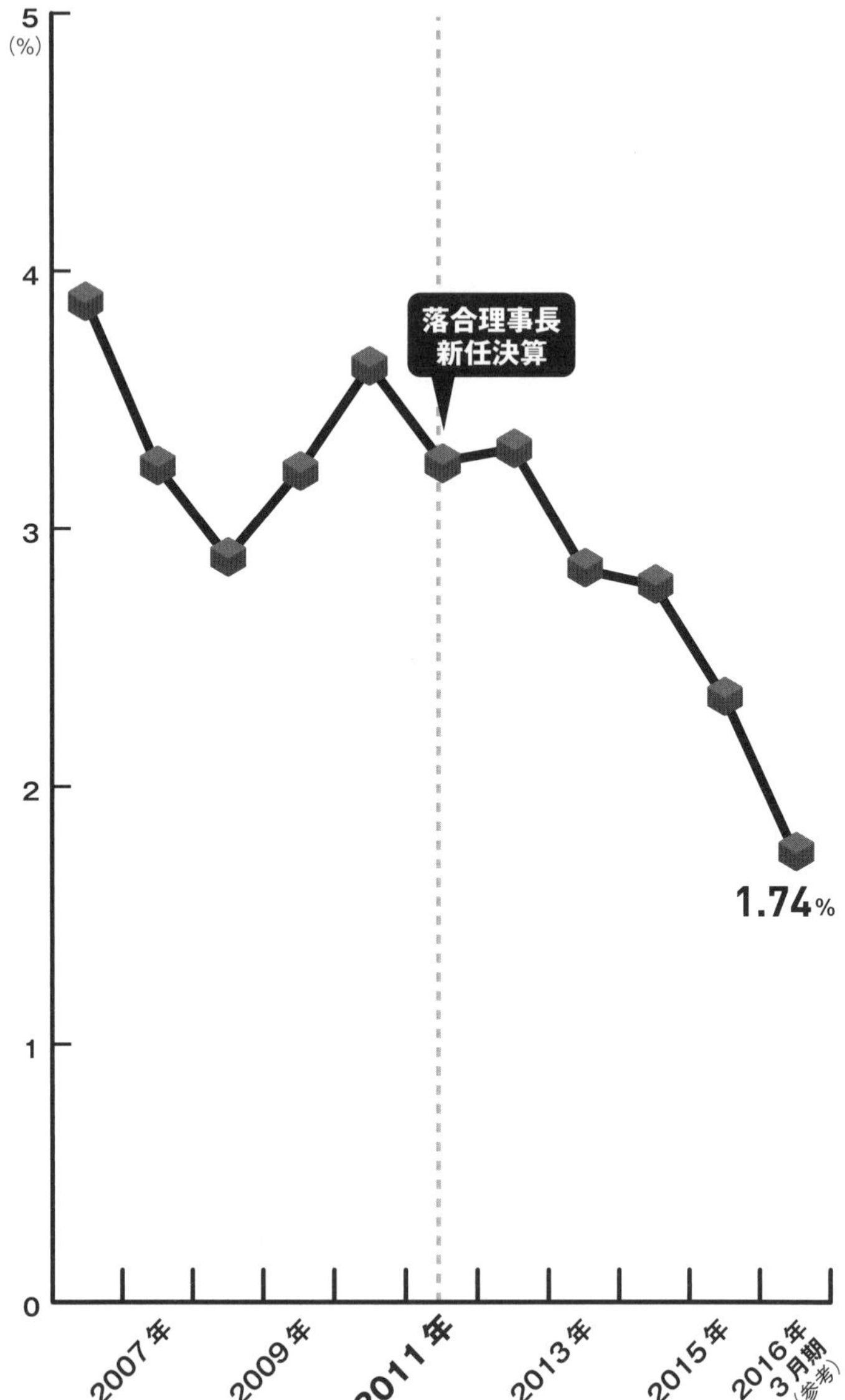

就任後は、特にきわめて好調に推移していることがわかります。

低迷する金融界に奇跡を起こしたといえるでしょう。

特に貸出金の増加、そしてその元となる預金の増加は、金融機関の中でトップクラスであり、かつ不良債権比率は前ページ図の（参考）にありますように、２０１５年３月期の２・３４％から、さらに１・７４％となり、信用金庫業界の平均６・３％の３分の１以下の水準になり、経営の健全性はよりいっそう高まっているといえましょう。

最後に、確定した２０１５年度（平成27年度：２０１６年３月）決算の数値をご紹介しておきます。

これまでの各グラフの推移でも、参考として２０１６年（平成28年）３月の数値をあげてきましたが、それのまとめとして次ページに示しておきます。

● 20015年度（平成27年度：2016年３月）決算の数値

① 預金量	1兆6,436億円	（985億円増加）
② 貸出金	1兆2,500億円	（1,232億円増加）
③ 預貸率	76.05%	（業界平均47%）
④ 延滞率	0.04%	（業界平均0.88%）
⑤ 自己資本額	1,157億円	（109億円増加）
⑥ 常勤役職員数	1,157人	（同規模3,500名）
⑦ 当期純利益	7,405百万円	（トップクラス）
⑧ 経常利益	6,045百万円	

将来の損失準備3,852百万円を差し引きした後の金額。従来基準で言うと経常利益は 9,897百万円)。メイン融資先を守る体制構築として 4,200百万円を特別引当金に計上、したがって実質は 10,200百万円と表示されています。

⑨ 業務純益	8,673百万円	
⑩ 不良債権比率	1.74%	
⑪ 利益剰余金	98,951百万円	

第2章

プロ経営者としての落合寛司誕生の原点

落合といえども心に残した傷はある。すごいのは、その思いをポジティブ思考により、何十倍、何百倍の財産にしたことである。

担当融資先が倒産！

――「痛恨の思い」として残る、若かりし日の思い出

落合寛司は、昭和48年（1973年）3月、亜細亜大学経済学部を卒業し、同年4月、西武信用金庫に就職しました。

この時、当時の別の一流会社に内定をいただいていましたが、西武信用金庫に入庫しました。

西武信用金庫は、昭和44年（1969年）、協立信用金庫と武陽信用金庫とが合併して設立されました。

西武信用金庫となってから4年目ぐらいに入社したことになります。

入庫3年目、26歳の時に融資担当となり、社員数40人ほどの会社の担当

となりました。

西武信用金庫の規定に従って、貸せないと判断したところ、その会社は、倒産してしまいました。

そういう経験をしたのです。

その結果、家族を含めると120人（従業員1人に対して4人の家族とすると）ほどの人生を狂わせてしまったのでした。

このことが落合の心に大きな傷（自身「痛恨の思い」と表現しています）を残したとともに、実は、このことが現在の西武信用金庫、誕生の原点ともなったのです。

会社がつぶれると、たとえ幹部だった人でも、他の会社で一からやり直すこととなります。

金融マンとして、融資を断ることの重大さを痛切に感じたと述懐しています。そして、落合自身、この融資の断りが本当に正しかったのかどうかを、とことん考えたのでした。

もちろん、落合のその時の判断に、西武信用金庫の当時の支店長や課長は、当然支持したわけですが、よくよく考えてみますと、その融資を断る判断をした人々は、全員が素人であると気づいたのでした。

一般に、社会で、いろいろなジャッジをしている人たち、たとえば、裁判官、弁護士、医者、そしてスポーツの審判員などは、みな資格を持って判断を下しています。

いずれにしろ、この担当融資先の倒産が、落合を「金融のプロ」「経営のプロ」の道を歩ませる決断となったのです。

著者は、落合とよく話をしますが、この時の落合自身の認識感覚は、「理解」ではなく、「自覚」であったと思います。

理解と自覚では全然違います。理解とは、「ただ、わかった」であり、これに対して、自覚とは、自分の心に、魂に、「刻みこむ」ことです。

この時の落合の心は、完全に経営のプロになることを自覚し、それが信念となって、中小企業診断士の取得への道を歩むことになるのです。

● 落合寛司、金融マンとしての原点

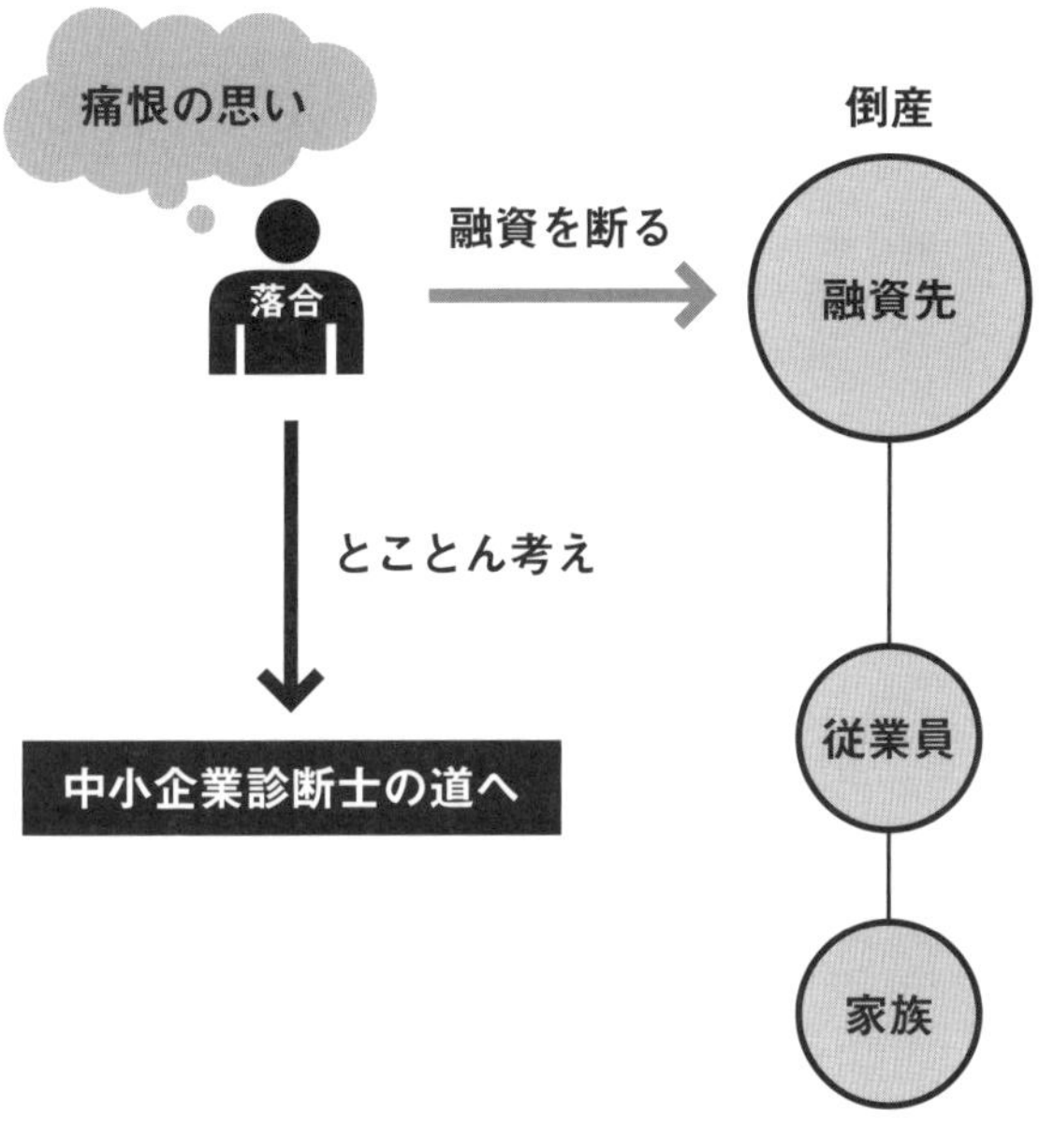

「金融のプロ」から「経営のプロ」への決断と実行

中小企業診断士取得を目標に

――「経営のプロ」のメルクマールとする

落合は、金融のプロを目指すのは、当たり前としても、やはり中小企業相手に仕事をしていくには、経営のプロでなければならないと考えました。

そこで、体系だった総合コンサルタントの国家資格を探したところ、中小企業診断士の資格を得ることを決断、目指すこととなりました。

その当時は、営業店で勉強会をやっており、朝や夜の空いた時間に先輩たちと勉強していたそうです。

日曜日も、図書館に行くなどして勉強しました。

そして西武信用金庫内の試験に合格し、西武信用金庫の第一号として、中小企業大学校東京校中小企業診断士養成課程に派遣制度を活用して通うこととなりました。

当時、落合は26歳でしたが、理事長以下役員全員が壮行会を開いてくれたそうです。

いまでは、日常的に派遣しているとのことですが、当時は、特別なことであり、プレッシャーを感じたそうです。

そして、見事、中小企業診断士の資格を取得したのです。

現在（2016年6月）時点で、西武信用金庫に在籍している職員の中で中小企業診断士の資格を持っている従業員は、落合を含めて38人です。経営のプロの資格をもっている人が38人もいるということは、一信用金庫としては異例のことではないでしょうか。

退職者もいますので、延べにすると60人を超えるということです。

この中小企業診断士は、今の世の中のビジネスパーソンが最も欲しい資格のトップであると報道されています。

受験者の４％しか合格しないという難関の国家資格です。

中小企業診断士の数は、２０１４年４月１日現在２２，５４４名だそうです。非常に少ない数です。

その推移を見ると、下図の通りです。

経営コンサルタントとして活動しているのは28％、48％が民間企業か西武信用金庫のような金融機関にいます。

● 中小企業診断士　有資格者数　10年間の推移

2005年	17,559人	2010年	19,748人
2006年	18,442人	2011年	20,795人
2007年	19,313人	2012年	21,603人
2008年	19,911人	2013年	21,837人
2009年	19,664人	2014年	22,544人

この10年で、4,985人しか増加していません。年平均498人です。

年代でいうと40代から50代が半数です。

第3章

「年齢による定年制度の廃止」がもつ意味を考える

終身雇用を前提とした選択制の一律年齢定年制の廃止はきわめて合理的な判断・決断といえる。

一律年齢による定年制を廃止する
——理事長就任以前の発想で実現

２０１１年４月に西武信用金庫は、一律年齢による定年制を廃止しました。

落合専務理事が、理事長に就任したのは２０１０年６月の総代会（株式会社でいう株主総会）でありました。

ということは、この構想は理事長就任以前に考えていたことになります。

これは、あの田中角栄が総理大臣就任後数か月で、日中国交樹立したやり方を思い出させます。

田中角栄は、〝自分が総理大臣になってから、いろいろな構想を考えるのではなく、それ以前に考えておかなければ実現などできませんよ〟ということを言っています。

これと同じで、日本の悪慣習（このことについては、後述しますが）である60歳定年ということを廃止したのでした。

前代未聞という記事もあったくらいの衝撃でもあったのです。

これは、理事長就任後に考えたことではないと思われます。

田中角栄と同じ思考方法です。

２０１０年６月に就任して、２０１１年４月に実施ということですから、以前から構想していたと考えずにいられないわけです。

人として何事にもつけ、「夢を描いて活きていく」とは、「どんなことでも、人のために、世のために自分の発想をどう活かしていくか」であり、特にビジネス社会では必要不可欠です。

著者も大学に所属していて、若い頃から、自分がトップに立ったら、こうしようという夢がありました。これはとても大切なことです。

定年制に代わる制度を新設

——能力による3つの定年制を設置

落合は言います。

変革期にうまく対応できた企業とそうでない企業には大きな格差が生じるので、変革期だからわからないということで済ますのではなく、小が大に勝てる絶好のチャンスだと思わなければいけません。

日本のいままでの一番大きな変革期は戦国時代です。

戦国時代には、織田信長という小さな地方の武将が、いままでの槍や刀でなく鉄砲という新しい武器で戦い、士農工商できちんと決まっていた身分制度をぶち破りました。何をやったかというと、いまの成果給のような体制をつくって農民の子の秀吉（豊臣秀吉）を大名にし、天下統一の一歩手前まで行きました。

したがって、経営者によく言っていますが、変革期に一番怖いのは、何もしないことです。

なぜならば、だれかがやって成功するということは何もしないことは負けになります。何もしていないのだからこのリスクは防ぎようがないということです。だからといって、むやみやたらにやればいいわけではなく、先を読み、リスク管理しながらやっていかなければいけません。

変革期には、皆さん方が冬から夏になると洋服を変えるように、企業もビジネスモデルを変えていかなければなりません。

ただ、季節は温度などで簡単にわかりますが、ビジネスモデルはそうはいきません。非常に難しいのです。

でも、勇気をもって変えていかなければなりません。

西武信用金庫もいままで金融機関目線でやっていた業務を、お客さまの目から見てどう変えるのか、必要ないものなのか。新しく何をしなければいけないのかなど、全員で考え、500ぐらいの提案を出し、改善すると同時に、職場に前向きで積極的な人間を多くする体制（ポジティブ体制：著者注）を整備しました。

その具体例として、まず、年齢による定年を廃止しました。

なぜ、西武信用金庫は、100人の採用に対して2万人も応募するかというと、定年がないからです。

退職金の計算の都合で一応60歳が定年ですが、60歳以降は、能力で定年を決め、たとえば体を壊したり、親が病気だから親孝行したい等、新しいことをやりたいといって辞める「退職コース」、年を取ったから仕事も給料も半分ぐらいでいいという「嘱託コース」、コンサルタントは楽しいしお客さまにもすごく喜ばれるのでさらに働き、自分の能力の限界を感じたらやめるという「現役コース」、この3つに分かれます。

私（落合）は、当時64歳（2014年）で、現在66歳ですが（2016年4月現在）、

60歳で辞めるなんて全く思えません。
スポーツの世界ではとっくにやっていて、たとえば、野球選手は年齢ではなく能力の限界を感じたときに辞めていきます。

この落合の、「定年制の廃止」における「判断力」と「決断力」は、非常に優れたものと考えられます。

現在の平均寿命は、女性86・83歳で、男性も80・50歳ですから、60歳定年であるとすると、20年以上働かないで暮らすということになります。

このような点から考えても、60歳一律定年はどう考えても、後述するように人間の役目である「働き、働く」ということを断念させる大きな問題です。

これに、いち早く気づき、決断した落合の判断は、日本の未来の労働力確保の一つの大きな先駆けであると著者は思います。

つまり、欧米の単純な能力主義、成果主義ではない終身雇用制を前提とした定年制の廃止は、人間社会の本質を極めたものであり、今後の労働、厚生関係における政治的な考え方にも影響を及ぼすものと考えられます。

このように、西武信用金庫の定年は原則60歳ですが、3つのコースを採用しています。従業員は自分の意志で選択するのです。

このことは、落合自身が退職者との話の中で多くの退職者が内心、「まだ働きたい」という思いがあることを見抜いたことにあります。

図示しますと次ページの通りです。

①定年のない「現役コース」

このコースは、西武信用金庫から選抜され、本人が同意すれば、処遇や労働条件は現役時代と変わらないコースで、主として支店長などを対象としています。

続けて働くのですから、それなりの待遇を用意しており、自分の判断で自己の能力の限界でやめるのを決めていきます。

年功序列ではなく成果主義ということです。

● 西武信用金庫が採用している、３つのコース

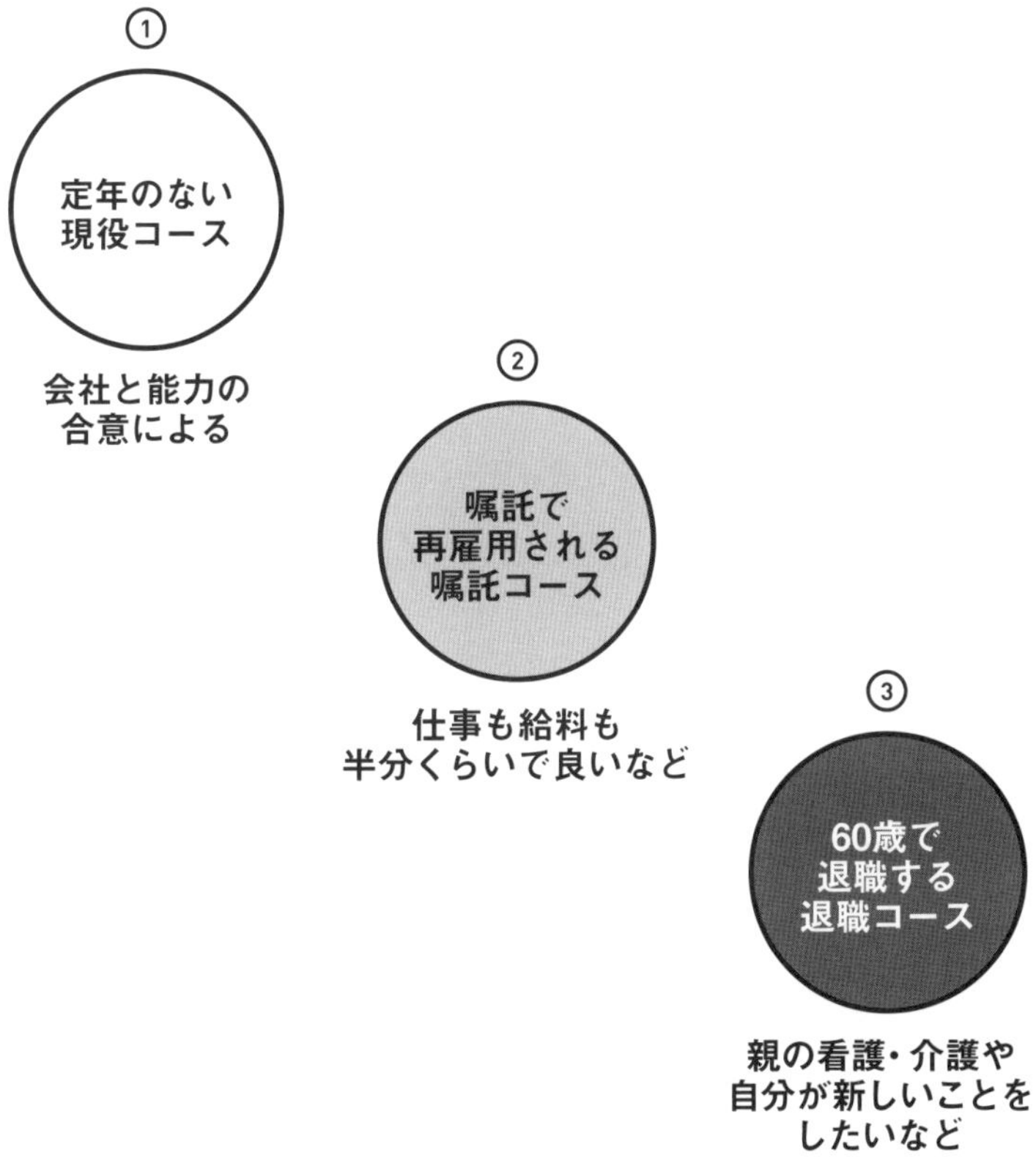

終身雇用を前提とした60歳時での選択

もちろん、人事考課で能力が低下してきたと判断されれば降格になります。

ほかの2コースですが、次のような特徴をもっています。

②嘱託で再雇用される「嘱託コース」

落合が言うように、何らかの理由で「時間も少なくて、また給料は少なくてよいから、働きたい」というコースです。

③60歳で退職する「退職コース」

これも落合が言うように、「何らかの理由によって60歳で退職したい」というコースです。

いずれにしろ、60歳を超えてもその人の人生設計や能力、そして家族環境などによって3つのコースを選択することができるのです。

現在の寿命は、明治時代や大正時代と違いますし、後述するように、「働き、働く」ということは、人間の本来の役目であり、人間だけができることです。人間は、働くことを役目とする、唯一の霊知的生物です。

● 西武信用金庫の人事制度の特徴（メリット）

① 少子高齢化の時代に、
まだまだ能力があるのに60歳や65歳で仕事をさせなくなる制度は誤りである（詳しくは後述）

② 定年が自分で決められると
モチベーションが違う

③ 特に50代にとっては、より一層励みになり、
活力が出る

④ 年齢とともに能力を高めれば収入も増える

⑤ 中途採用は、これまでの現場の活性剤となり得る

⑥ 退職を自分で決めるのでその後の予定も可能になる

何よりも全力で自分の仕事にはげみ、
どこまで能力を高められるかの可能性が出る

人材が活性化することがわかる

定年制廃止で仕事の質が上がる

――意欲が向上し向学心が高まる結果に

定年制廃止について、廃止した結果として変わったことを、落合は次のように言っています。

定年制の廃止の結果、まず仕事が変わりました。
みんなの意欲が向上し、仕事の質が上がりますので、ミスが減少する一方で組織内に年齢という意識が消え、自分で異動ができ、若くして高い給与が得られ、業績が上がりました。また、向学心や向上心が高まりました。なぜなら、たとえば、高校野球や大学野球の野球部員は、朝から晩まで授業や講義時間を除いて泥まみれになって練習しているように、別に給料をもらっているわけでなくても、自分の好きなことだから一生懸命になれます。

著者は、以前より、失業者や60歳定年になった人々は、自分の趣味で良いから、コーヒー好きの人は小さな地域に密着したコーヒー店を、レコード好きな人は個性的な小さなレコード店を兼ねた喫茶店を、優れた能力を持っている人は、たとえば地域密着の書道教室や、そろばん塾、小さな簿記塾など、いずれにしろ自分で小さくとも良いから起業することが大事だと考えています。

家の中でごろごろしていたり、粗大ごみ扱いされるより、数段、世の中に少しでも役立ち、かつ能力や体力がある限り人間の役目である「働く」ことがよいのです。現代の日本では、これができるのです。

趣味や、好きでやることですから楽しく、またやる気も起きるわけです。その起業化に、国も、都道府県も、市町村も資金的に応援すべきでしょう。困窮している国民に一律何万円を支給するというようなことも必要かもしれませんが、そういった政策より、仕事をつくることへの支援とか、仕事ができる環境を創る、民間企業だけに賃上げするなど、雇用・採用を求めるより、その絶大なる権力と資金で、仕事の起業とか、環境や相談に応じるような仕組みを作ることこそ政治ではないのかと思います。

そして、うまく軌道に乗ったら、少しずつその恩を社会に返していくことが、必要不可欠となります。

教育制度についても考えられます。

少なくとも、上場会社を中心に、戦後あの完全に破壊された日本を、30～40年で世界屈指の経済国に発展させた、世界の歴史においても稀有な復興を遂げた、わが日本の中枢を担った人たちを60歳くらいで粗大ゴミ扱いし、熟年離婚に追い込むことはないでしょう。

もっとも優れた活用は、大学で非常勤講師や客員教授として活用することではないでしょうか。とくに、経営学部や商学部などを中心として、学生に実践的な経営やマーケティング、そして管理手法を学ばせることは絶対に必要不可欠です。また、金融機関に在職していた方々には、経済学部といった学部を中心とした金融関係等の実践的なやり方を学ばせることは、これからの働く人（大学生）にとって必要不可欠と考えられます。

このような60歳定年退職者の活用は、大学を実践的に活性化させ、また、退職者も自分の経験とその実践体験から「働く」という、人としての役目に関する自らの考え方をこれからの人々に自ら伝えることになります。

このことは自身の生きがいになると思います。

また少子化による若者労働者の減少をすこしでも補うこととなります。

このような教育上の60歳定年退職者の貢献は大学だけではなく、小学校でも活用可能と考えられます。小学生から見れば、60歳定年退職者は、おじいさんやおばあさんの感覚となります。経営や管理上の実際について、働くことの意味やいじめやハラスメントの話を伝え、かつ、おじいさんやおばあさんに対する敬老といった心を自然にもつように、さらに年をとっても教育機関で働くことによって実際にみせることができるのです。

「働く」と定年制とを見事に調和

——人間としての役目の本質に順応した制度

定年制は、人間の基本的権利である自由と平等に明確に違反していると共に人間が働くということの絶対的真理に反するものです。

その点で、前述した西武信用金庫の一律定年制度の廃止は、人間の本当の目的から見た〝働き、働く〟という役目の本質に順応するものであり、また、人間の基本的権利である自由と平等にかなうものです。

中村天風師は、『錬身抄』の附録「働きの人生哲学」（公益財団法人天風会306～327ページ）で大要、次のように言われています。

「人類の存在は、宇宙の本当の使命である進化（Evolution）と向上

(Elevation)を現実に行うためです。

それから、人が働くということは、『生まれつきの役目』と自覚することです。

ここで自覚するということは、単に理解することではなく、自分の魂に刻むことです。

したがって、人間の本当の、生まれつきの役目である進化と向上のために働くということに反した活き方をしたら、完全なる生存を確保することはできないのです」

なお、紹介文は著者文責のもとにわかりやすくするために現代的な意訳表現にしています。また、同著作では以下の内容も述べています。

「人間が『働く』ということは、その本当の生まれつきの役目で、同時に大自然の恩恵にあずかるということに対する恩返しと考えて『働く』ということが、何のため、かんのためという相対観念を乗り越えて真心も込めて行われることになるでしょう。

そのような考えに至ると、同じ『働き』、すなわち会社等の組織に従事する仲間は、お互いに他人という観念で見ないようになります。

元々、親子、兄弟と言っても、他人が結びついて成り立っているものです。広大な宇宙の中で、同じ職場で働くということは、何にもまして、人智では考えられない関係です。

『働き』の本質に正しい自覚を持ったら、同じ職場で『働く』お互い同士、決して他人扱いしてはならないのであって、そこに初めて四海は、皆一家であり、同胞なりという、美しい世界平和が実現するのです」

また、天風師は大要次のように述べています。

再度、「働く」「働き」の哲学に戻りますが、私たち人間は、自分の命を支えるため、人間以外のものの命を自由に奪える特別な権利を与えられています。たとえば、牛、豚、馬、魚類はもちろん、米、麦、野菜、果物等、いずれも生命をもっているものです。

それを食用にしています。

なお、そのうえになんでもかんでも、只取りする権利さえ、与えられています。

天風師は、桃の葉売りの小僧と魚屋の例え話で、そのことを具体的に表現しています。

人間が「働く」とは、その本当の生まれつきの役目で、同時に大自然の恩恵にあずかることに対する恩返しと考えれば、〝「働く」ことが何のため？〟といった相対観念を乗り越えて、真心をこめて一心に行われることになるでしょう。

そして「働く」ことは、活きんがために働くのではなく、働くために活きているのだという正しい本当の考え方が必要、と述べています。

（参考：『叡智のひびき』中村天風著　講談社　115ページ）

以上の文章は著者が現代風にしました。文責は著者にあり、興味ある方は、原文をお読みいただければと思います。

定年制とはそもそも何か

――護送船団方式を超えた、すぐれた判断と断行

たとえば、江戸時代でも、士農工商のうち、武士（軍人）の士を除いて、農工商には、定年制などはありませんでした。

農民は、働ける能力がある限り働いたし、工業などの職人は、働ける限り働いたし、大商人は、家の都合上、跡継ぎに譲るが、院政を敷いていたし、武士は、家門を守るために跡継ぎに譲っただけで、「働く」「働かない」は任意でした。ですから定年制などはなかったのです。

正確なことは不明ですが、どうも定年制は、あの世紀の世界大恐慌（1929年）の後の大不景気の中で考えられた制度のようで、不景気のた

め、高齢者を退職させるために考えられたものと思われます。

実質的には、1931年のようです。

なお、日本では、明治期（1868年から1912年）に高齢者に退職を迫った記録があります。明治時期の平均寿命は40代半ばぐらいですし、1950年代は60歳前後ですから、1955年ごろの定年は、55歳定年が世界恐慌後の経済不安から高齢者を引退させるために好都合であったというわけです。それが、慣習化されて、現在では定年制が当たり前となり、誰も疑問を抱かずに従っているという人間の愚かさが、戦争や争いをやめない愚かさと同様、あたら、60歳以上の経験を活かさないシステムを当たり前にしてしまったのです。愚かさもここまでくると笑止千万です。

まして、間違いなく少子高齢化が進む日本の労働条件、年金の負担、日本の未来を考えたら、人生80年の世界で、能力があるのに定年制という労働の自由と真の平等に違反する制度を金科玉条のように採用している愚かさは、まさに驚きです。

どんどん、家庭の中での争いのタネを作っていくのでしょうか？

前述した、中村天風師の〝働きの人生哲学〟に見られるように働く能力がある限り、働くのが役目です。定年制などは、理に合わない話だし、人間の役目放棄ということで、真の幸福は得られません。

現在の日本で定年制を敷くとしたら75歳くらいが良いのでしょう。

しかし、本当の「働く」ということでは、その人に働く能力があるかぎり働けばよく、定年制などないほうがよいでしょう。

辞めるときは、自分で決めるのが本当でしょう。

しかし、理想は、落合がやったように、定年制を廃止して選択性が合理的だということです。

また、公平という点からすると、採用は一律ではなく、働きたい人は人間としての教育を終えたら働くのも良いし、働く能力があるなら定年は、落合のように選択制にすればよいのです。

これこそが、働き、働く哲学を述べた、中村天風師の働くことの人間としての役目を実現することにもなるわけです。

万物を創り出している大自然（宇宙）が、なぜ人間だけに「考える力」「思う力」を与えたのかということを考えると、そこには計り知れない意図があると著者は考えます。

まして意識して、自分たちを進化向上させていこうとするためには研究し技術を向上させ、それを「働く」という形で成し遂げているのは人間だけです。ですから物質的な意味で多くの「働き」から進化向上しているのは人間だけです。「働く」ことこそ人間の本質であることが考えられます。

東京大学の水町勇一郎教授は定年制について次のように述べています。「わが国の判例は、定年制について、企業の人事刷新など企業組織・運営の適正化のために行われるものであり、一般的に不合理な制度とはいえないとし、その効力を承認している。

しかし、定年制には、①少子高齢化のなかで高齢者の活用を促すべき政策的要請に反する。

②［年齢］によるステレオタイプの差別であり労働者個人の意欲や能力に従って平等に取り扱うべき法的要請に反するという批判もある。

現在の日本の法政策は、定年制の存在を前提としつつ、それを超えて高齢者の継続雇用を促していく方向で展開されている。

高年齢者雇用安定法は、事業主に継続雇用を促していく方向で展開されている。

高年齢者雇用安定法は、事業主に、定年年齢を定める場合には60歳以上とすることを義務づけ［8条］、さらに2004年［平成16］の同法改正によって、65歳からの年金支給開始に対応するため、65歳までの高年齢者雇用確保措置［①定年年齢の引上げ、②雇用継続制度の導入、③定年制の廃止のいずれか］をとることを義務付けている。［9条1項］。」

（『労働法　第2版』水町勇一郎著　2008年3月　176～177ページ　有斐閣）

なお、水町教授は、櫻庭涼子神戸大学大学院法学研究科教授と柳澤武名城大学法学部教授の論文を参照して、探求15という同書のコラムで「人口高齢化・少子化が進むなか、定年制はなお維持されるべきか？ それともアメリカやヨーロッパ諸国のように年齢に基づく雇用差別を法的に禁止し、年齢によらない労働者の活用を図るべきか？ 差別禁止（人権としての平等権）の視点とともに、労働市場政策としての労働者の活用の要請をも考慮に入れながら考察してみよう。」とされています。

（『労働法　第2版』水町勇一郎著　2008年3月　176〜177ページ　有斐閣）

著者は、年齢による一律定年は、差別であり平等という人間の基本的権利に違反し、かつ中村天風師による前述の人間の役目である「働き、働く」哲学に反し、能力がある限り、働きたいという人間の自由の権利に反することであると考えます。

まして、日本の場合、従来の日本民族特有の護送船団方式で、ほとんどすべての会社が60歳定年ということが法解釈でも、まかり通っているということです。落合の一律定年の廃止は、この点で非常に優れた経営者としての判断と断行と考えます。

逆転の発想でとらえる

――基本理念「人間主義＝人がすべて」に基づく

定年制についての落合寛司の哲学は、西武信用金庫の理念「人間主義」に基づくものと考えられます。

落合は言います。

一生懸命になると、人間はとんでもない能力を発揮します。

皆様方も、一生懸命になれるものが見つからないとなかなか一流になれないので、自分が一生懸命になれるものをいかに探すかが大事です。

一生懸命になれるものが見つかると、レベル、スキルを上げるために自己啓発も一生懸命頑張れるし、自分の生き方を強化していきますから、職場生活に対して自発性が強化され、強い集団になりました。

また、人生も変わりました。

60歳で定年だと、飛行機と同じように50歳ぐらいから60歳に向かってソフトランディングしていたのが、60歳が通過点となると急上昇させなければならないので、45歳から50歳の過ごし方が変わって意欲が上がってきました。

そして、ライフプランが大幅変更されました。

今までは60歳ぐらいで定年になって、元気でいるのに明日からすることは何もないように仕事を趣味にしてはいけませんが、社会性が強く、やりがいがあり、自分の好きなことをずっとやれるのであれば、元気なうちは仕事をしているので仕事を趣味にしてもいいというふうに変わりました。

そして人事異動の自主化で仕事を自分で選び、そのために必要な勉強も自分で選んできたので、他人のせいにしなくなり、自分の人生に対する自己責任意識が向上しました。

その結果、ほかの都内の信用金庫と同じように下がっていた信用金庫の売上である融資の増加額が上昇するようになりました。

また、たとえば西武信用金庫では1人当たりの直接人件費は626万3,000円で、一般企業は460万円、全国の信用金庫は490万円ですから、非常に高いです。

これに、退職金や失業保険を含めると850万円になります（2014年当時）。たとえば、Jリーグの順位表と1人当たりの年収は正比例しているので、給料は意欲を高めるのに結構重要となります。

もちろん、これはおカネということではなくやりがいということです。

朝日新聞の記事で、西武信用金庫のことを、大リーグのアスレチックスが、よそのチームで要らなくなった選手を集めて優勝した「マネーボール」という映画にたとえて、「戦力外を生かす、逆転の発想」と書いていますが、私（落合）は、戦力外ではなく、他の企業で未だ使えるのに年齢制限（定年制）になった有能な人材の活用と言っています。

ライバルから有能な人間を採れるということは、ライバルが落ちる一方でこちらが強くなるから倍の効果がありますよ。
また、新聞にも年功序列はやめようと出ていましたが、これからそういう時代に入るのですから、その会社のなかみを知ることが大切です。

著者は、昔から会社によっては、功績がなくとも、給料が上がったり、昇進するので、「年功序列」ではなく「年序列」と以前から言ってきていますが、実際は、年功序列は、一般にわが国の上場会社では年序列となっており、そのような労働慣習が続いているようです。著者は、終身雇用制度はなくさなくてもよいが、年功序列に代えて成果主義ないし能力主義を取り入れるべきと考えます。

日本的経営の良さを残しながら、改善すべき点は改革したほうがよいと思います。

Column

落合理事長の知られざる素顔　1

この辺で、コーヒーブレイクといきましょう。

落合寛司さんのエピソードを、少しお話ししましょう。

落合さんは、学生時代、カウンセラーについて、興味をもって勉強しました。

特に産業カウンセラーの勉強をしたようです。

現在、いろいろな形で落合さんは、相談を受けます。

たとえば、来年（2017年）3月の卒業生で10万人を超す、亜細亜大学の同窓会の会長ですから、その幹事さんたちや全国都道府県の支部長さん、連合会の方々との懇親会の席上でよく見かける光景があります。

ほとんどの場合、多い時ですと100名ちかくになっても、参加者全員と分け隔てなく、話し込み、真剣に相談を受けているのです。

疲れた顔ひとつせず、ニコニコと楽しそうに話し込んでいます。

それにもまして、遊んでいる時にも年齢、男女に関係なく相談に対して、常に誠実にカウンセリングしています。あとで聞くと「あんな立派な人が、偉ぶらずに、真剣に相談に乗っていただいています」「ちょっと考えられないほど誠実に相談に乗ってくださいます」と著者は何人かの方から聞いています。

これはなかなかできるものではありません。

ここが落合さんのすごさと誠実さだと思います。

第4章

人事考課の快

一律年齢定年制は基本理念をベースにした制度であったが、その理念を具現化するその他の社内制度を見ていく。

一人当たりの人件費は年々減少

――人件費は増大してもコントロールできる不思議

ここでは、人件費の10年間の推移と貸出金利息収入と従業員数の10年間の推移を関連づけながら西武信用金庫の人事戦略とインセンティブ給与等について見ていきます。

人件費と貸出金利息収入と従業員数の10年間の推移は、81・83ページの通りです。金額で見ますと収入も人件費も増加しています。

落合理事長就任前と比べると5年間で２０５人多くなっています。

人件費は、２０１０年と比べると年平均で６５７百万円の増加です。

ところが、一人当たり人件費を落合理事長就任前5年間と就任後5年間

● 人件費と貸出金利息収入と従業員数の10年間の推移

就任㊞前

	2006年	2007年	2008年	2009年	2010年
貸出金利息 (単位：百万円)	18,787	20,024	22,216	22,835	21,691
人件費 (単位：百万円)	8,082	8,713	8,389	8,177	8,562
従業員数	911人	891人	935人	932人	929人

就任前５年間の人件費の平均　**8,385**百万円

従業員数の平均　**920**人

就任後

	2011年	2012年	2013年	2014年	2015年
貸出金利息 (単位：百万円)	21,252	21,230	20,864	21,079	21,742
人件費 (単位：百万円)	8,783	9,082	9,482	8,783	9,082
従業員数	933人	996人	1,088人	1,107人	1,134人

就任後5年間の人件費の平均　**9,042**百万円

従業員数の平均　**1,052**人

を比較すると、一人当たり人件費は、逆に年平均484，498円、減っているのです（84・85ページ）。

ここでは、上記の数値から一人当たり人件費を見てみましょう。

落合は記事で「人件費は上がっているのではないですか」という質問に対して、「人件費はコントロールしていますから大丈夫です」という発言をしていますが、増加人員205人の大半は、新卒の新入社員（若手）ですから、一人当たり人件費は、減っていきます。

一人当たり平均人件費は、上場会社と比べても相当高いですから、従業員は、満足しているでしょう。また、成果主義によって、その年の成功者と失敗者が、はっきり出ますから非常にインセンティブで、働き甲斐があるといえるでしょう。

また、残業をなるべくさせないようにしており、いろいろなことを従業員に考える時間を与える、また勉強の時間を取れるようになるべく労働時間を短くすることが徹底されています。

● 「人件費」「貸出金利息収入」「従業員数」の10年間の推移

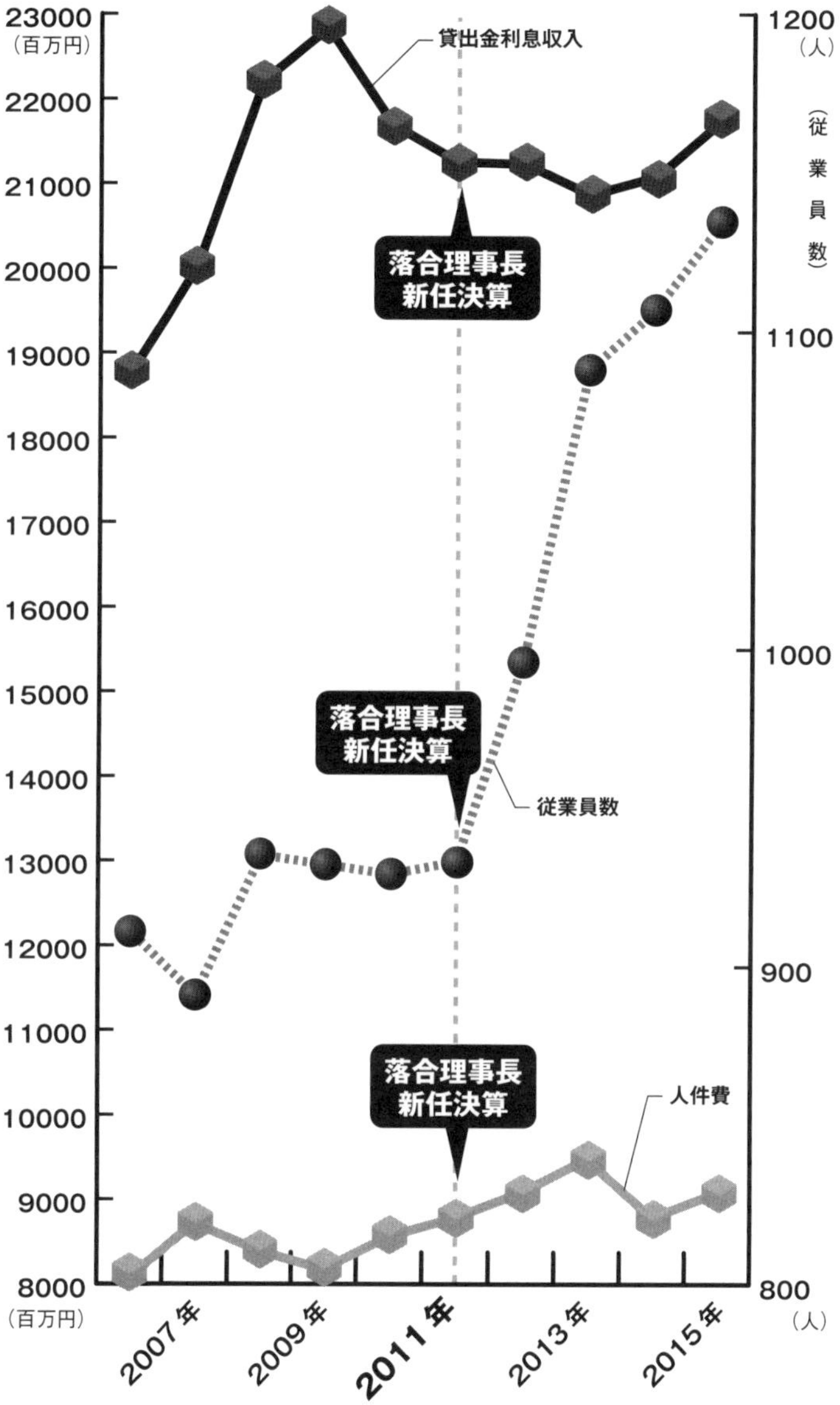

● 就任前後10年間での従業員数と一人当たり人件費の推移

就任(前)

（単位：円）

	2006年	2007年	2008年	2009年	2010年
一人当たり人件費	8,871,570	9,778,900	8,972,193	8,773,605	9,216,362

就任前5年間の年平均一人当たり人件費　**9,122,526円**

就任(後)

（単位：円）

	2011年	2012年	2013年	2014年	2015年
一人当たり人件費	9,413,719	9,118,474	8,715,074	7,934,056	8,008,818

就任後5年間の年平均一人当たり人件費　**8,638,028円**

● 一人当たり人件費と従業員数の推移

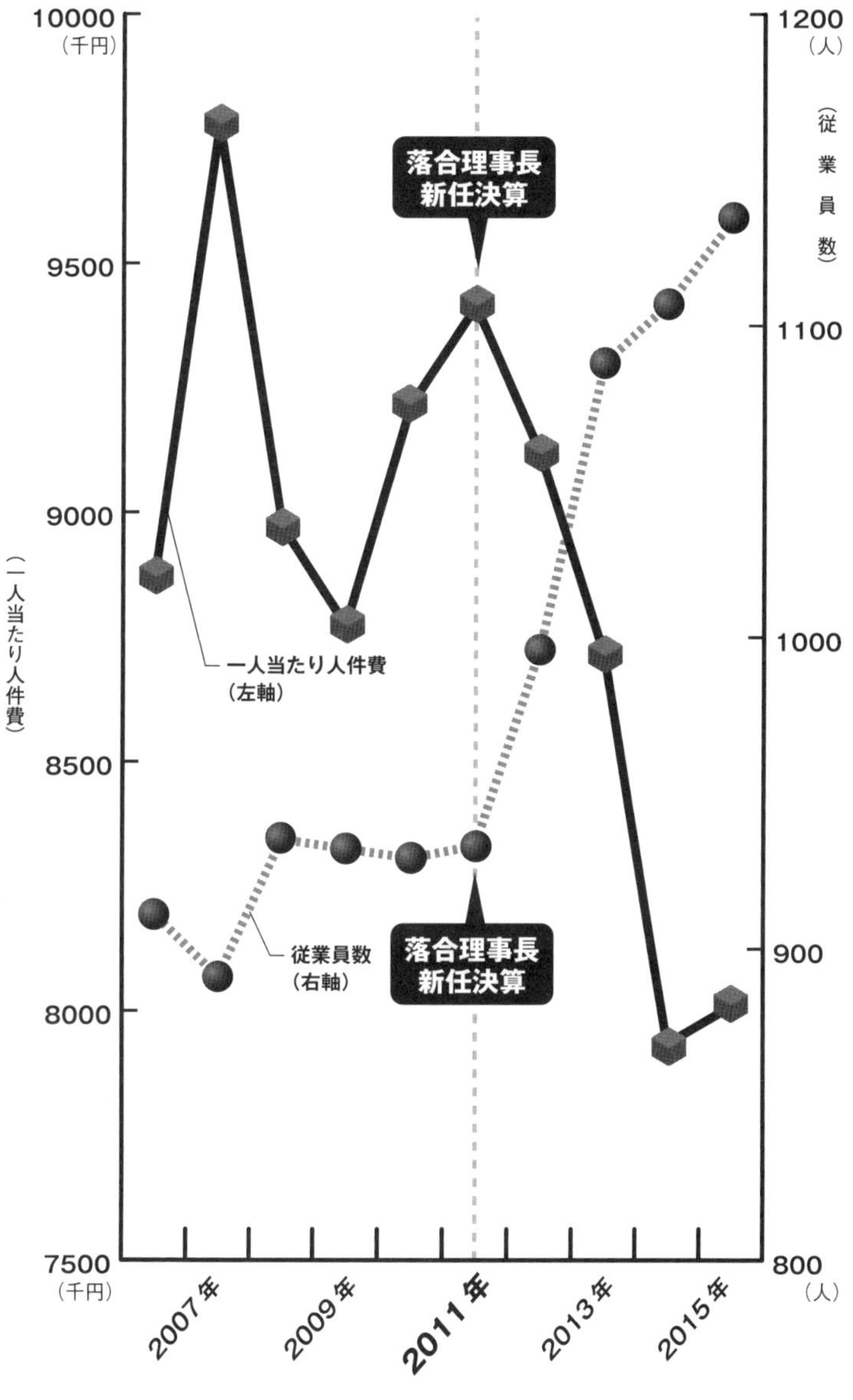

この辺が他の企業や他の金融機関と大きく違って、活き活きとした環境を創っていることが数字を通して理解できると思います。

著者がこの章を「人事考課の快」と名付けたのはそのためです。

貸出金利息の収入との関係で言うと、貸出金利息収入はこの10年間余り増えてはいません。２００６年と２０１５年を比べても2，９５５百万円しか増えていません。

落合理事長就任前の１年間の平均貸出利息収入は、２１，１１１百万円で、落合理事長就任後は１年間の平均貸出利息収入は、２１，２３３百万円です。

ところが、落合理事長就任前1年間の平均経常利益は4，９０2百万円、落合理事長就任後1年間の平均経常利益は7，０５9百万円で、まさに落合マジックです。

したがって、当期純利益も落合理事長就任前1年間の平均当期純利益は4，４０７百万円、落合理事長就任後１年間の平均当期純利益は5，

215百万円でまさに落合マジックです。

それは、貸出利率が低いにもかかわらず、それでいて経常利益や当期純利益が順調に推移しているのは、利用者保護の非営利機関として、最も優れた事であると考えられます。

これが投資家保護の大手銀行なら、批判されるところですが、これこそが落合マジックで、彼の得意とするところと考えられます。

つまり、貸出利率は低くして、経常利益や当期純利益はしっかりと獲得するのです。それこそが、財務的な意味で地域金融機関の変革期における新しい事業モデルの数値なのです。

最後に特記すべき快をご紹介しておきます。

▼期末賞与も夏期・冬季賞与と同様に成果で決められるのですが、掃除を担当する人たちにも期末賞与が支払われることは快

▼32歳で支店長で年収が500万円から一気に1,300万円への快

▼20代で年収1,000万超の快

入社志願倍率はなんと100倍

――採用枠100人に対して20000人が応募希望

西武信用金庫の人気は、抜群です。

実際にエントリーする学生は、10,000人を超えています。

もちろん説明会等に参加希望する学生は20,000人を超えると考えられています。

毎年100人採用するとして、100倍の競争率です。

少なくとも、100倍の競争率です。

前述した中小企業診断士の合格率は4％で25倍の競争率ですから、比較の対象とはなりませんが、それにしても100倍とは、すさまじいものです。

もちろん、定年制のないことや、給料が高いということもありますが、会社自体に夢があるのではないでしょうか。

それと、資格取得を支援する、環境があるということも一つの理由になると考えられます。

2ちゃんねるが、うるさくないのもうなずけます。

人事に関して西武信用金庫は、機械化による人員削減を行っています。もちろん、上場会社には財務や会計からみて、業績が西武信用金庫を超える企業は多くあります。しかし、どんなに業績が圧倒的であっても、労働条件が厳しい、仕事がきついなど、いろいろと2ちゃんねるに書込みされてしまうこともあります。

こういうことが西武信用金庫にはないのです。

機械化で合理的な人員削減

――後方事務部門の撤廃を実現

落合は言います。

西武信用金庫と同規模の業績を上げるには職員が3,500人～4,000人必要ですが、西武信用金庫は、三分の一の約1,200人です。

どうしているかというと、徹底的な機械化を実施しています。

通常の金融機関では、後方の事務部門が見えますが、新しい西武信用金庫の店舗で虎ノ門ヒルズの前にある虎ノ門支店や東京駅八重洲口から3分の日本橋支店には女性が1人しかおらず、ホテルのコンシェルジュのように後方事務部門はまったく見えません。

そして、今後は、仕事を受けたら、「データ」と「この人はいま何が不足していて、どんなアドバイスをしなければいけないか」が出てくるから、お願いされたものをお返しするときには、応接室に呼んで、課題解決のための提案をして、一つひとつの仕事の価値を高める金融機関に変わっていこうとしています。このことをリレバン※といいます。

新聞記事では、西武信用金庫が大変優れていると評価されています。お客さま支援センター（104ページ）の効果によって、安く貸してしっかりバックアップすることができるので、当然成長率は金融機関中にあって全国で1〜2番となります。

これも少子高齢化を念頭に置いていて、職員を増やさないことを前提として機械化のできることは徹底した機械化で、なお顧客の問題解決を行っているという姿勢が明らかに見えます。落合は言います。

リレーション・バンキングとは、お客さまと金融機関の相互扶助の意味です。雨が降ったときに傘を貸すような真の金融機関を作りたい。

※リレバン……リレーションバンキングの略。金融機関が借り手である顧客と親密な関係を築くことによって情報を得て金融サービスを提供するビジネスモデル

落合は言います。

中途採用はFA
——60歳定年後の人材は「宝の山」

年齢による定年を廃止することによって中途採用もできるようになりました。大手企業では45～50歳から退職を要請されますが、そういった人たちから、たとえばインターネットバンキングに必要な能力を持った人など、特にいままでの西武信用金庫のやり方では、育たなかった人材を採用しています。野球で言えば、新人はドラフトで、中途採用はＦＡです。

著者は30年以上前から大学人事に、「60歳定年で退職された一流企業の人材を多数、非常勤講師として採用し、実際の経営でのいろいろな問題や状況を学生さんに指導していただいたら、大学教育に新しい教育方法ができるのではないか」と考えていた時期がありましたが、実現はできませんでした。

60歳定年後の元気な人の活用は、いろいろな形でできるのではないかと今でも感じています。

我が国の現在の平均寿命は女性が86歳、男性が80歳ですから、60歳定年は無理があると思います。健康寿命は72～73歳くらい、また個人個人で違いますから、一律60歳定年というのはいかにもおかしなことです。

人類の創造主（宇宙：大自然）は一人ひとりの人間を創造したのであって、民族や国を創造したのではありませんから、終身雇用を前提とした定年制廃止が最も合理的で、個人が自分の責任で選択すればよいのです。

公募制度で「やる気」を引き出す

——人事異動がポジティブに活発化している証

落合は言います。

人事異動は、公募制で、自分の能力を最大限に発揮できるポストに自分でトライするわけです。人間にはすばらしい能力がたくさんありますが、その10％も使わないで死んでいきます。

ですから、自分はこういうことが駄目だと思わずに、自分の好きなことを突き詰めていくと能力は、どんどん発揮できますが、発揮できる場所がないと困るのでポストを公募しています。

若い人は、どんどん応募していて、たとえば32歳で支店長になって年収が

500万円から一挙に1,300万円に変わった人もいます。
また、支店長同士でも、自分で目指す支店長に公募し、合格できない場合は、元の支店長に戻ることができるのです。

人事異動が活発化しているということです。非常に、ポジティブですね。
中村天風師は人間の能力について、著者が要約すると次のように著しています。

「人間の心の潜在力は、運河や川が大海とつながっているように、万物を創りだす能力（宇宙本体）とつながって、無限の力を持っており、これを導き出すためには、精神状態がいかなるときでも、つまり、病のときでも、不運の時でも絶対積極（ゼッタイセキギョク）でなければならない（絶対ポジティブ：絶対プラス思考であること　著者注）」

（参考：『運命を招く』中村天風著　134ページ　講談社）

やる気と努力によって、万物を創りだしている宇宙と同じように進化向上のために、向上心を持って努力しなければならないとしているのです。

さらに人事異動を自主化する

――自分の好きなことは、元気が出る

落合は言います。

また、公募制をさらに広げて人事異動を自主化しています。

たとえば、支店長のポストは、今後全部自分が選択するようにしていこうとしています。

今回（2014年当時：著者注）、5店舗の支店長の席を公募したところ、何十人と受けにきて多数合格し、落ちた人は元の支店長のポストに戻りました。

自分の好きなことはそんなに辛くないし、一生懸命になれるので、自分の好きなことをどんどんやれる体制をつくっています。

前述した、中村天風師の絶対積極を、天風師は〝絶対セキギョク〟と呼んでいます。セッキョクではなくセキギョクです。

これは天風師独特の言い回しで、たぶん天風師にひらめいたものであると考えられます。

つまり、だれでも、元気な時は元気でいいわけで、大事なことは、病である時や不運な時にこそ、元気をだすことが天風師の言う「ゼッタイセキギョク」です。

元気な時よりも、元気がない時の過ごし方のほうがはるかに大切なのです。

これは、天風師独特の考えで、何かと比較して、すなわち相対的積極(元気な時は元気で、病の時はそれなりに、というような)ではなく、どんな時も心だけは元気に過ごすということです。

一芸で理事・役員

——得意なことを十分に発揮できる環境をつくる

落合は言います。

支店長の理事・執行役員については、亜細亜大学の一芸一能をいただきました。

〝なるほど！〟と思ったのです。

好きなことをやらせるとなると、いろいろなことをバランスよくやらないと偉くなれないというようにはできません。

たとえば、支店長で頑張れる人間はフットワークが良く、小回りが利く人が多い。フットワークが良い人は、だいたいヘッドワークが悪いから、支店長から部長になってフットワークからヘッドワークに変わると、あいつは支店長時代は良かったけれども部長になったら鳴かず飛ばずだと言われて、実力を発揮できないというケースは多いのです。

これではもったいないので、野球の世界でも代走や打撃が専門の人がいるように、フットワークが良い人間はずっとそのフットワークを活かせるままいけるようにしています。

そうしないと専門家が育ちません。

したがって、他の信用金庫では、部長にならないと理事や執行役員にはなれませんが、西武信用金庫では支店長でも理事や常務まで行けます。

このことは、非常に卓見で、一般の会社でも、取締役となって全社を監督する立場になると全然能力を発揮できなくなる人があります。

そういう人は、執行役員として現場にいたまま、常務や専務にしていくと活用価値が非常に大きいと考えられます。

罰よりも賞を評価する

――本来の「適材適所」を実現する

落合は言います。

ポストは、やりがいや所得のアップにつながります。

仕事にやりがいを持っているとこだわりを持てますが、やりがいも何もないと、こだわりもなくなり、何となく生きるようになってしまうので、賞罰を見直しました。

罰よりも賞を多くする体制を作ってみんなの活性化を進めました。

賞を多くすると活性化し、自信となり成果が上がり、罰を多くすると不活性化し、不安で成果が未達となります。

たとえば一般大企業では、2年か3年に一度、定期的な異動を行いますが、本来、適材適所という面から必要となり、内部統制上、お客さま等との癒着から不正を起こしやすくなるのを防ぐことなどを目的として行われています。しかし最近の定期的異動は、これらの本質を忘れて、単に定期的に行われているため、かえって弊害が生じているように見受けられます。

しかし、お客さま支援センターを事業の中核に置く西武信用金庫では2〜3年で異動させるようなことはしません。お客さまにとってなじみの、また課題を解決してくれる担当者を安易に変えることはしませんが、その一方で支店長や担当者が癒着や不正をできないようなコントロールが行われています。これは、とても優れているシステムということができます。

なぜなら、とくに、上場企業に見られることですが、2〜3年に一度の定期異動が慣習上、行われているようなことになっていて、本来の適材適所がおざなりにされているように見えます。

Column

落合理事長の知られざる素顔　2

もう一度、コーヒータイムです。

落合寛司さんは、普段、遊びの時は無邪気です。

無邪気であるから、周囲が嫌な感じを受けません。

子どもたち（幼児から小学校低学年）を見ると、夢中で、何も考えていません。夢中で活きています。

無邪気はいいことです。

しかし、驚くことがあります。

落合さんを含めて、著者には、年下ですが尊敬する人がいます。落合さんともう一人の上場会社の社長さんと食事をしていて、いろいろな話になりました。そのとき、すべての話について落合さんは、解決策がでてきます。

何事につけです。

これは、「ひらめき」「直観」ではないかと最初は思ったのですが、最近ようやくわかったのです。

それは、落合さんの脳は、習慣づけられていて、常に解決策が出てくる脳に訓練されているのです。

そういう脳に、無意識に落合さん自身が訓練したのです。

「無邪気」と「解決脳」を両方合わせもつという、著者が考えるに理想形に近い人です。

第5章

西武信用金庫お客さま支援センター（総合コンサルバンク）への道

お客さまの課題解決は、自分でやろうとせず、西武信用金庫の「人」「物」「金」「情報」を活用してください。

お客さま支援センターの正体
――非価格競争力の向上が不良債権を減らす

落合は、言います。

オーバーバンキングという金融機関が余っている結果、メガバンクが統合拡大、したがって同じお金を扱っていたらスケールメリットで負けます。そのため、非価格競争力をつけ、つまりコンサルタント機能を強化するとビジネスモデルを誕生させました。

それがお客さま支援センターです。

そこでコンサル機能を総合化したお客さま支援センターを創設したのです。この「お客さま支援センター」の原点については後述します。

● お客さま支援センターの仕組み

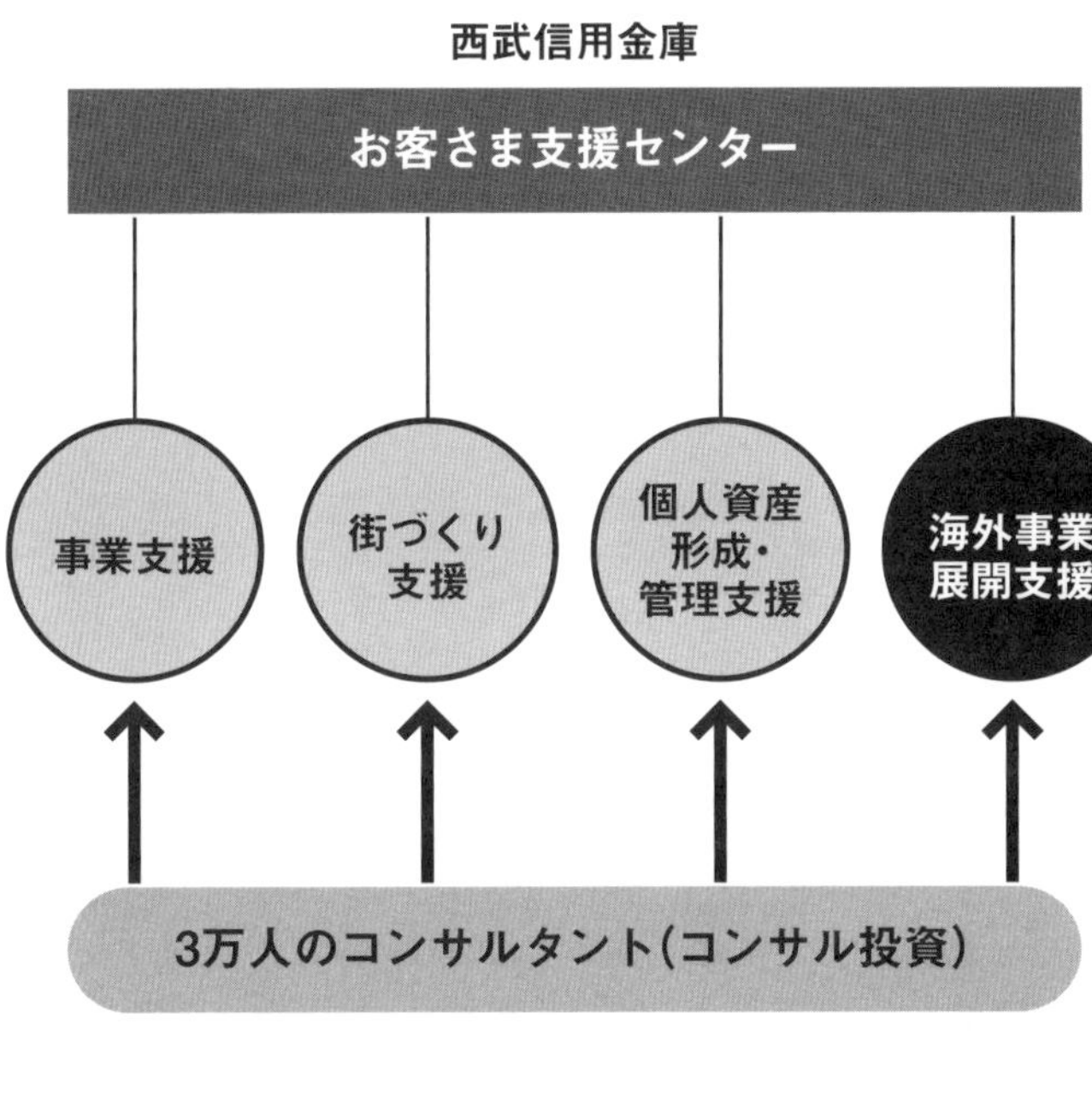

従業員を含めた2,000の機関と3万人
のコンサルタント要員が融資先等を徹底的にバックアップする

落合は言います。

お客さまを健全な状態にすると西武信用金庫の経営力を高めることができるからです。貸出利率を下げて価格競争力を高めながら非価格競争力を高めていくために、お客さま支援センターというコンサル業務を行っています。

実際の話、地域支援の一例は、本店のある中野で、昼間に人口が4万人増えました。

環境力（住みやすい、働きやすい、商売しやすい等）は、利益目的ではないNPOの育成が大切です。なぜならば、これから地域経済は税収不足となり、公共体に大きな負担をかけないシステムが重要で、その一助としてNPO強化を支援しています。そして少子高齢化の成熟社会では地域の活性化が重要となります。地域が活性化しないと当金庫の経営力は弱体化してしまいます。非価格競争力を高めることによって西武信用金庫の良さができて、企業価値が高まると同時に不良債権が減ります。

● この仕掛けで企業価値を高めることに成功した

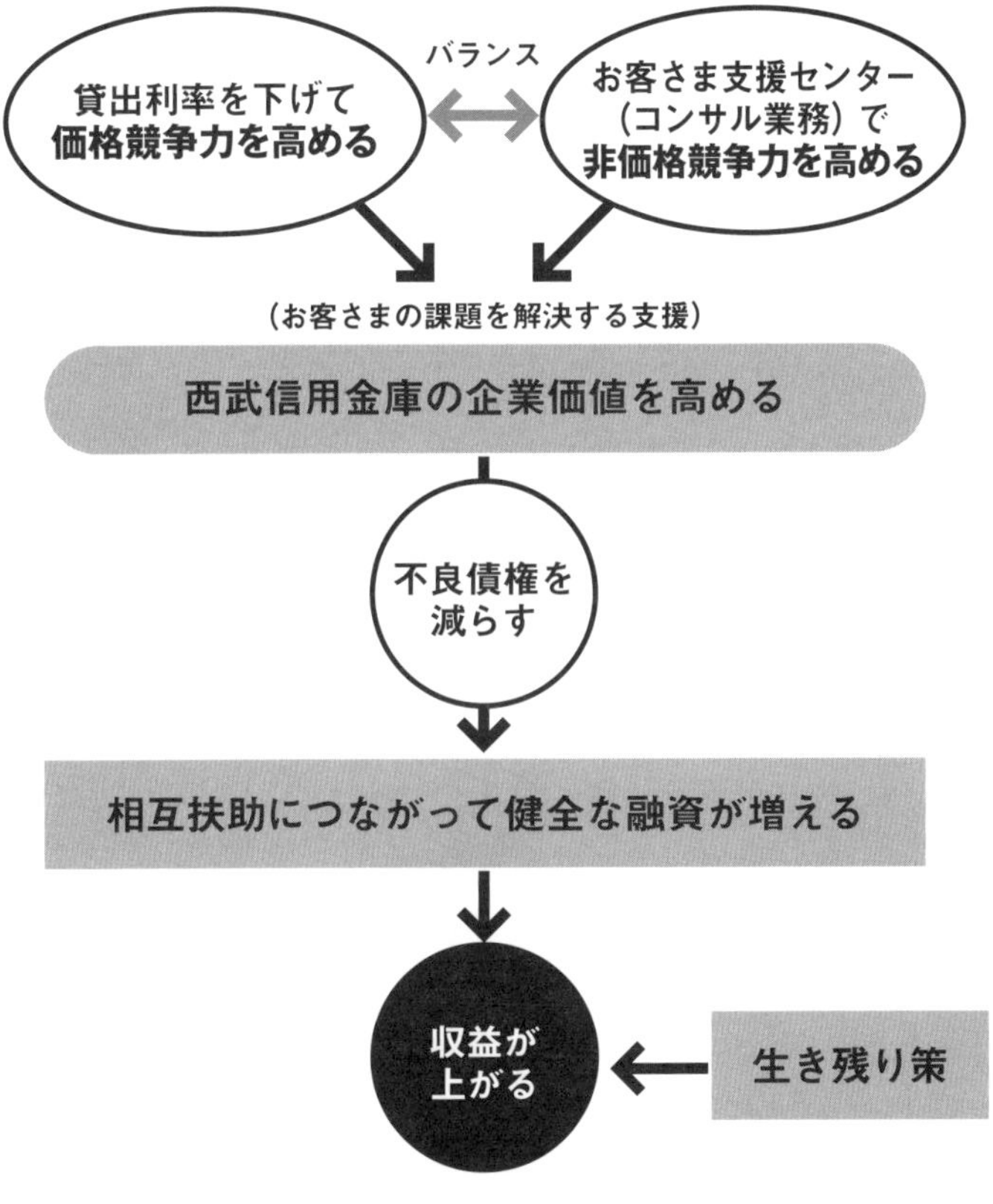

価格競争力と非価格競争力の両方を高め、
不良債権を減らし、貸し倒れをなくすことを目的とする

業績不振でだめになったお客さんを減らすことは、本来の信用金庫の目的である相互扶助につながって、健全な融資が増えるから収益が上がります。つまり、お客さま支援センターは生き残り策でした。

わかりやすく図示すると前ページの通りです。

「お客さま支援センターは西武信用筋金庫の生き残り策であった」という落合の言葉は彼の独特の感性であって、お客さまが倒産することは、結局は西武信用金庫の経営状態が悪くなることになります。

その結果、地域の中小企業の振興や発展を妨げることになり、信用金庫の本来の目的である相互扶助ができなくなります。

そして、その元の原因は、融資企業の倒産にあり、それは、経営力が弱ったためですから、その企業ごとの中小企業の課題や問題を解決し経営力を強くすることが、落合の言う「非価格競争」となります。すなわちその中小企業の課題や問題点を解決するにあたり、あらゆることを想定してお客さま支援センターを立ち上げ、これを中心として地域支援、事業支援、個人支援、海外支援といったことを具体的に支援していきます。

その結果として、経営力が強くなり、中小企業が生き伸びれば、貸し倒れ損失が減っていき、利益が上がる構造を達成できるとともに、不良債権がどんどん減っていく好循環の経営となるわけです。

つまり下のような好循環になります。

この際、価格競争力と非価格競争力をバランスよくすることが大切です。

● お客さま支援センターによる好循環スパイラル

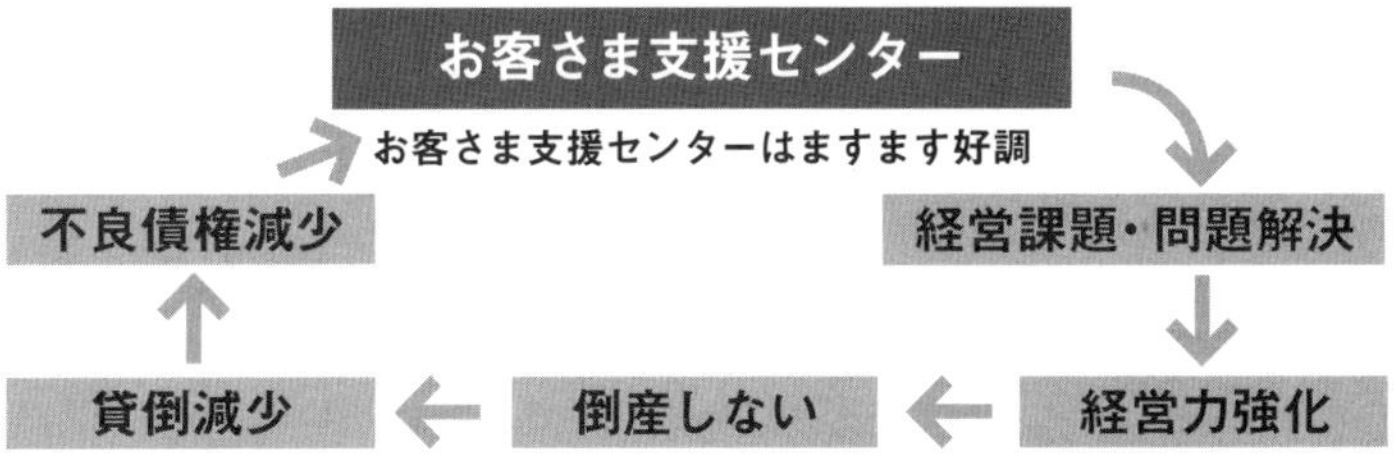

価格競争力と非価格競争力の両方を高め、不良債権を減らし、貸し倒れをなくすことを目的とする

「外部の力」を活用する

――「小が大を制す」の基本戦略

落合は言います。

お客さまにはいろいろな業種（製造業、農業、林業、鉱業、建設業、電気・ガス・熱供給・水道業、情報通信業、運輸業、卸売業・小売業、金融・保険業、不動産業、不動産賃貸業、各種サービス業、国・地方公共団体等、個人、その他）があって、本当に西武信用金庫の人間に（延べにすると60人の中小企業診断士。２０１６年3月時点で38人在職：著者注）課題を解決するコンサルタント業務ができるのかと思うかもしれません。

しかし、私たちは自分でできるものは自分でやり、自分でできないものは上司に相談し、上司に相談してもできないものは本部に相談し、本部に相談してもできないものは外部の専門家に相談することにしています。

これをわかりやすく図示すると次ページの通りです。

落合は言います。

外部の専門家として、たとえば、西武信用金庫は、東京大学の准教授を含めて4,200人の先生が行っている研究開発などのビジネスに投資する投資しながら先生方の知識を活用するシステムをもっています。この先生方のノウハウを中小企業に使うと、これができます。また、その他2,000団体と提携して、そこにいる約3万人の先生方を活用しています。

これが、「経営の効率化・強化は、外部経営資源の活用」です。

それでは、お客さま支援センターで行われている中小企業を支える、さまざまな支援事業を次項で見ていきましょう。前述しましたが、105ページの図のように3つの事業と海外への事業展開支援が業務内容となっています。

●「外部の力」を上手に活用する

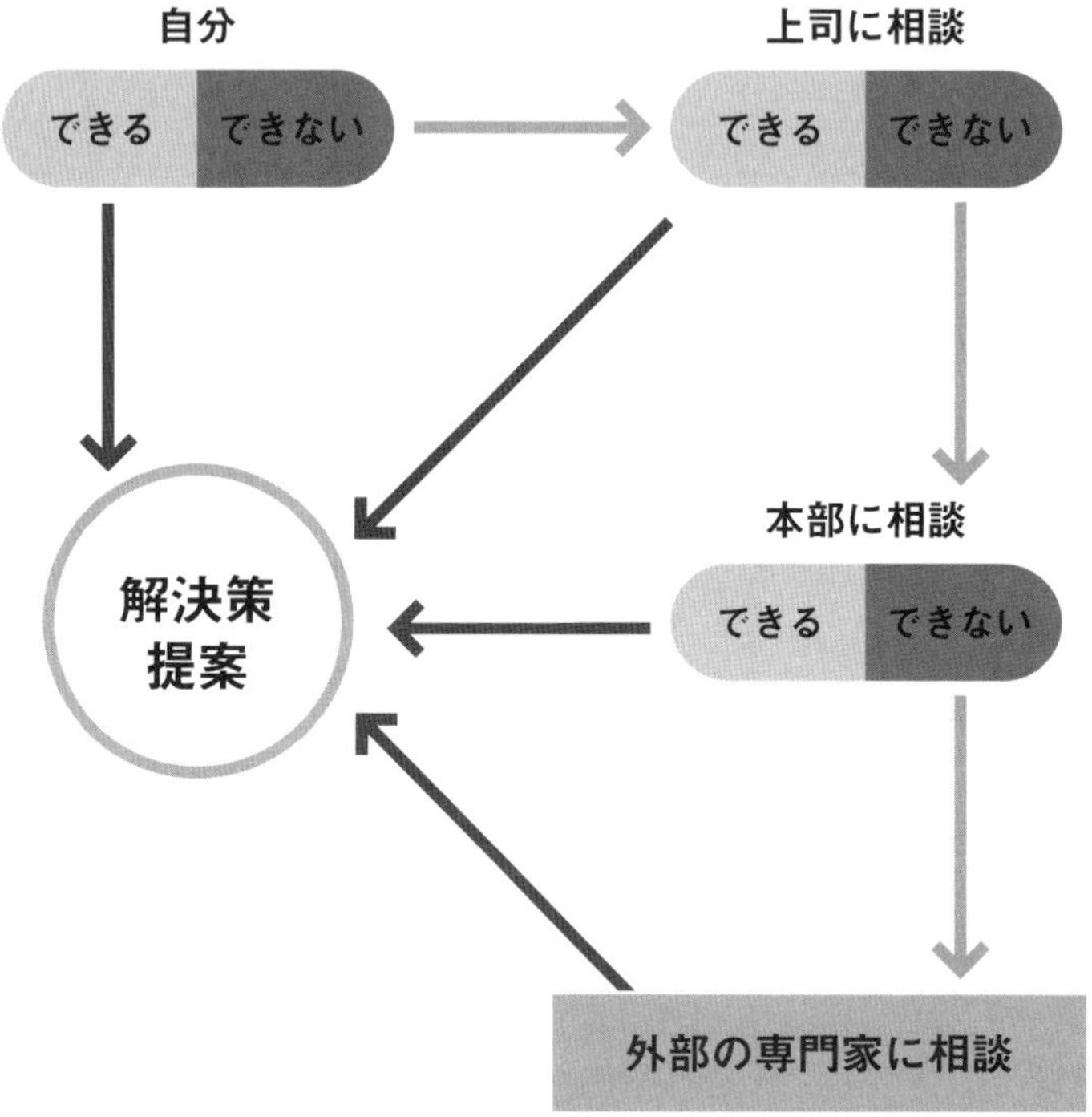

4段階（自分の段階、上司の段階、本部の段階、外部の段階）での解決策の提案

● どんな「外部の力」を活用しているか

・学校

東京大学

TAMA-TLO[17大学、1高専]
首都大学東京・尚美学園大学・国士舘大学・成蹊大学・京都大学・創価大学・中央大学・東京工芸大学・東京薬科大学・埼玉大学・工学院大学・青山学院大学・法政大学・東京工科大学・東洋大学・明星大学・神奈川工科大学・サレジオ高専

東京家政学院大学、東京農工大学、嘉悦大学、啓倫学園[国際製菓専門学校・国際パティシエ調理師専門学校]、亜細亜大学、実践女子大学、東京富士大学、東京経済大学、第一工業大学東京上野キャンパス、東京工科大学、目白大学、目白大学短期大学部

など

・コンサルタントの専門家

・公的で唯一のコンサルタント資格者である中小企業診断士

・西武しんきんキャピタルなどの専門家グループ

etc.

中小企業診断士協会、公認会計士協会、税理士会等と業務提携している

事業内容は「3＋1」の支援

——中小企業への徹底したサポートがドメイン

事業支援——融資のみならずベンチャーへの積極的な投資も奏功

落合は言います。

元気のある企業に対しては、売上を上げたい企業に相手先を紹介するというものが一番多く、年間に4,612件です。

たとえば、「東京発！　物産・逸品見本市」は、「極鮮TOKYO」と題し2016年で10回目を迎え、5月19日・20日の2日間新宿西口広場イベントコーナーで行われました。

バイヤー商談ケース100件以上で、東北地方応援コーナーとか、地域のおいしいものを売り、ネットショッピング、デパート、商社のバイヤーを呼んで商談会をすることや提携大学と相談会なども行っています。

また、会社を変えたいけれどもうまくいかない企業に専門家を送って問題を解決する専門家派遣事業を1,657回、海外展開支援を266件、中小企業で事業承継するときの資本金や税金の問題支援を302件、創業融資を189件、産学連携支援を94件行っています。

元気がなくなってしまった企業に対しては、事業再生計画を351件作り、そのうち68件は専門家の力を借り、元気になったのが87件ということで、経営の中で企業の健全性や成長性をバックアップし、できるだけ早く元気にする体制をとっています。

さらに、西武信用金庫は、融資だけでなく投資もしていますが、これは日本の金融機関でもほとんど行っていません。

たとえば、携帯やデジカメで写真を撮るときの手ぶれ補正機能を開発した東京大学発のベンチャー企業は、この投資から生まれた会社です。あるいは、ペンキの原子を糸で結んで、車をぶつけてもはがれないペンキを開発した会社や、患者から採った血液にがんに効く菌を入れて、何百倍にも培養したものを輸血してがんをなくしていく技術を開発した会社など、これから世の中に役立つ企業に投資した結果、7社が上場しています。このように地域に新しい企業を誕生させる支援も実施しています。

著者は2016年5月20日に、新宿西口広場イベントコーナーの「極鮮」に参加しましたが、とても活発で楽しめました。埼玉産のセロリ漬けなどを購入してきましたが、美味しくいただきました。

街づくり支援——NPOとの連携で街おこし

落合は言います。

街づくり支援では、中野本店や八王子支店など、数多くの支店が存在する地域で街づくりを支援しています。

たとえば、地域では、中野は、昼間人口が4万人増えました。また、これからは暮らしやすい、商売しやすい、働きやすいまちの環境を整えるにはNPOの役割がすごく重要になるので、NPOを強化するために利率0・1%（1億円借りて年間10万円の利息支払い：著者注）でコンサルタント付きの融資をつくるなど、まちづくり支援をしています。

2016年8月6日に八王子でNPO心創り・智慧創り研究所と西武信用金庫、ツカモトコーポレーションの協賛で八王子学生「ミス&ミスターゆかたコンテスト」を実施、成功裡に終わっています。

個人の資産形成・管理支援——高齢化社会を視野にいれたサービス

落合は言います。

東京では、住民の19%が相続税を払わなければならなくなると新聞にでていましたが、これからその割合はもっと高まっていくので、個人の方の資産形成・管理支援を行っています。

つまり、地域、中小企業、個人のいろいろな課題を解決し、お客さまを守る体制をとることで、お客さまの収益が確保され、経営力が強化されます。お客さまが元気になることで西武信用金庫の経営基盤も強化されます。おすると社会の要請に応じられるので、新しいサービスができ、金融機能がさらに向上する体制をつくろうとしています。

高齢化が進む、これからの時代には、こうした高齢者を中心とした個人の資産形成や管理支援が不可欠ですから、よりもっと優れたサービスが西武信用金庫に期待されることとなります。

海外への事業展開支援――亜細亜大学との産学協同

落合は言います。

いま西武信用金庫のお客さまは、グローバル化していて、海外展開支援事業をするためには幅広い分野の専門家との提携が必要なので、海外部門に強い人たちを中途採用しています。

そうすると、応募がたくさんきます。

実は、亜細亜大学とも海外支援の連携を実施しています。具体的には日本企業に就職を望んでいる亜細亜大学の留学生と、海外進出を考えている日本企業の社長さんをマッチングしています。

お互いのニーズが合い就職すると留学生を2～3年間、一生懸命教育し、会社のことを理解させて、何人かの日本人とセットで海外に出しています。

たとえば、ベトナムへ行って、英語やベトナム語ではなく日本語で経営会議をやれば、ベトナム人から見れば日本企業は外資企業ですから優秀な人が入ってくるし、会議の結果を下に落とす時に留学生に頼み、ベトナムの価値観や適切な言葉で真意が正しく伝わります。

そして、結果を残し、偉くなったら現地法人の社長にするというスキームなど、商社やコンサルのようなことをすでにやっています。

ですから、私たちの法人担当の営業のことを、営業担当ではなく事業コーディネート担当と呼んでいます。

コーディネート担当は、仲介役で、専門家の先生とクライアントである企業をつないだり、ある企業と企業に商売させるための仲介者になったりします。その結果として金融をやっています。

ですから西武信用金庫の企業向けのパンフレットのように、こういう課題を持っている人は、こういう対応をしますと書いてあって、預金や貸し出しなど、説明しなくともわかっているようなことは一切書いていません。

このように、新しい時代の金融機関は、いままでとは大きく変わっているのです。

ぜひ、西武信用金庫のパンフレットを参照してください。

以下、分解して表示しておきます。

このパンフレットは、組織的・系統的によくできています。構成される8ページがうまく1枚のパンフレットで形成されています。つながりをしっかりと見極めると非常にわかりやすくできていることがわかります。

● パンフレット①

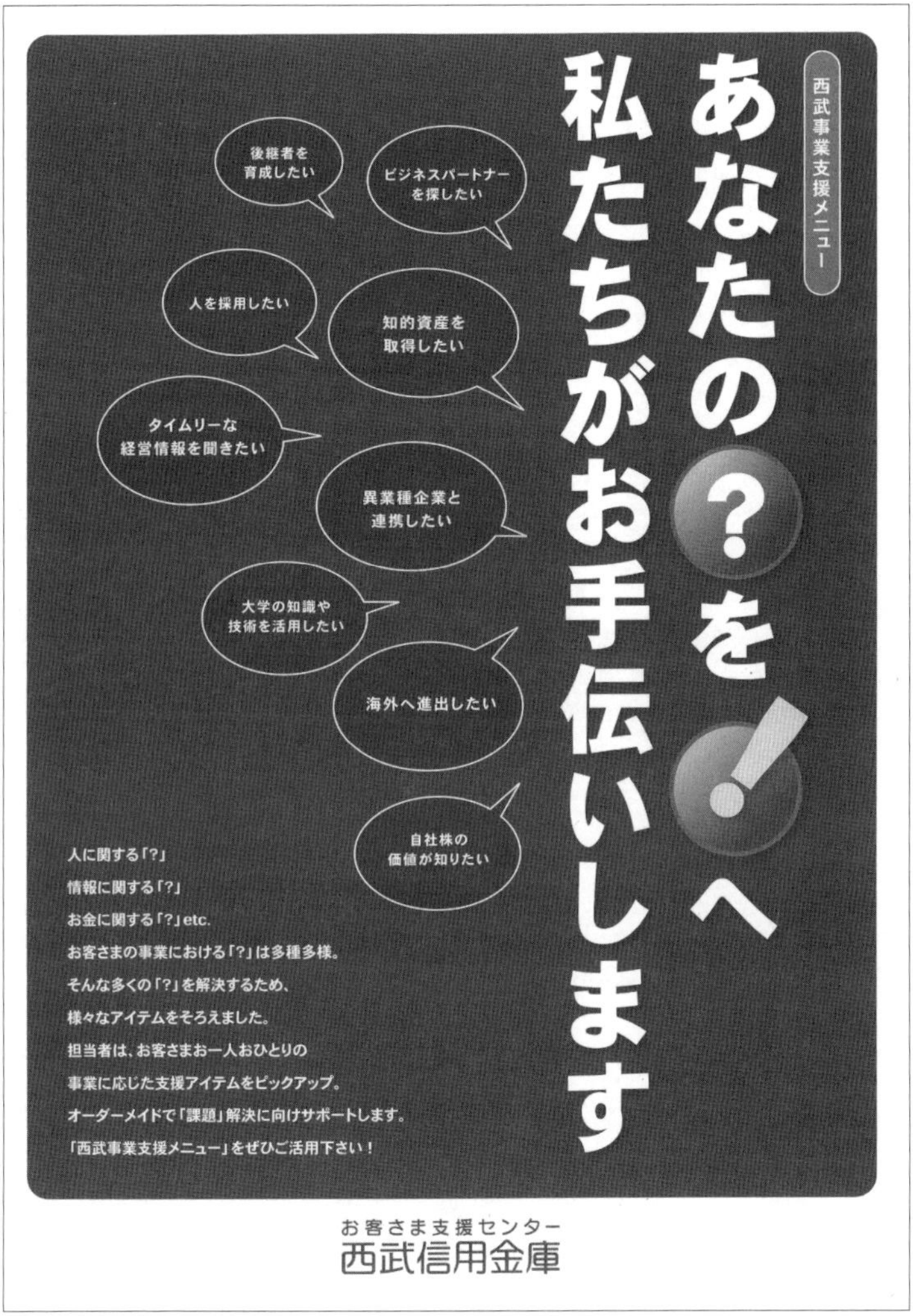

これが西武信用金庫のパンフレットの表紙です

● パンフレット②

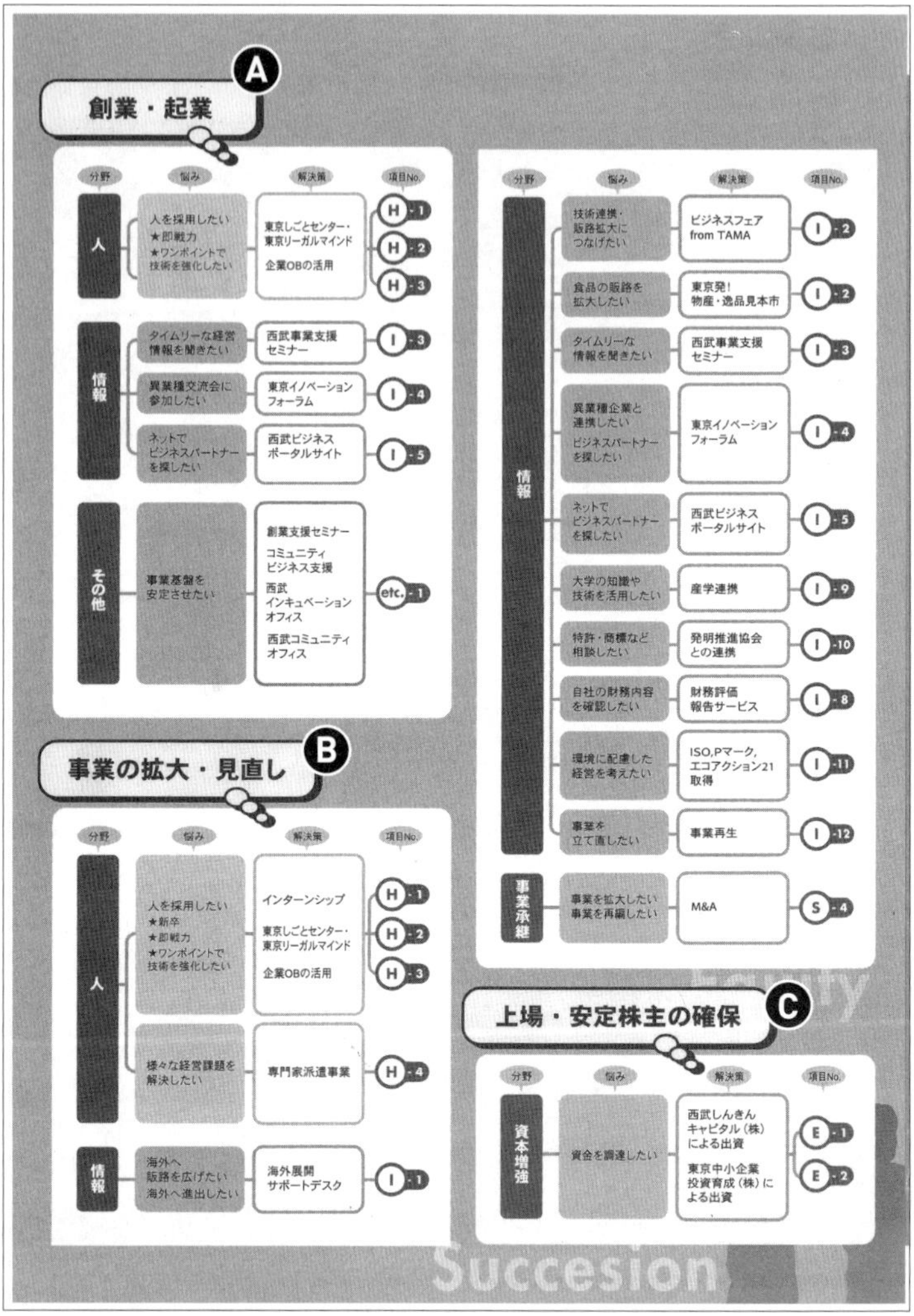

A：創業・起業、情報その他の悩みに関する解決策と項目No.です（124・125 ページの項目を見る）

B：事業の拡大・見直し、情報その他の悩みに関する解決策と項目No.です（124・125 ページの項目を見る）

C：上場・安定株主の確保の悩みに関する解決策と項目No.です（128 ページの項目を見る）

● パンフレット③

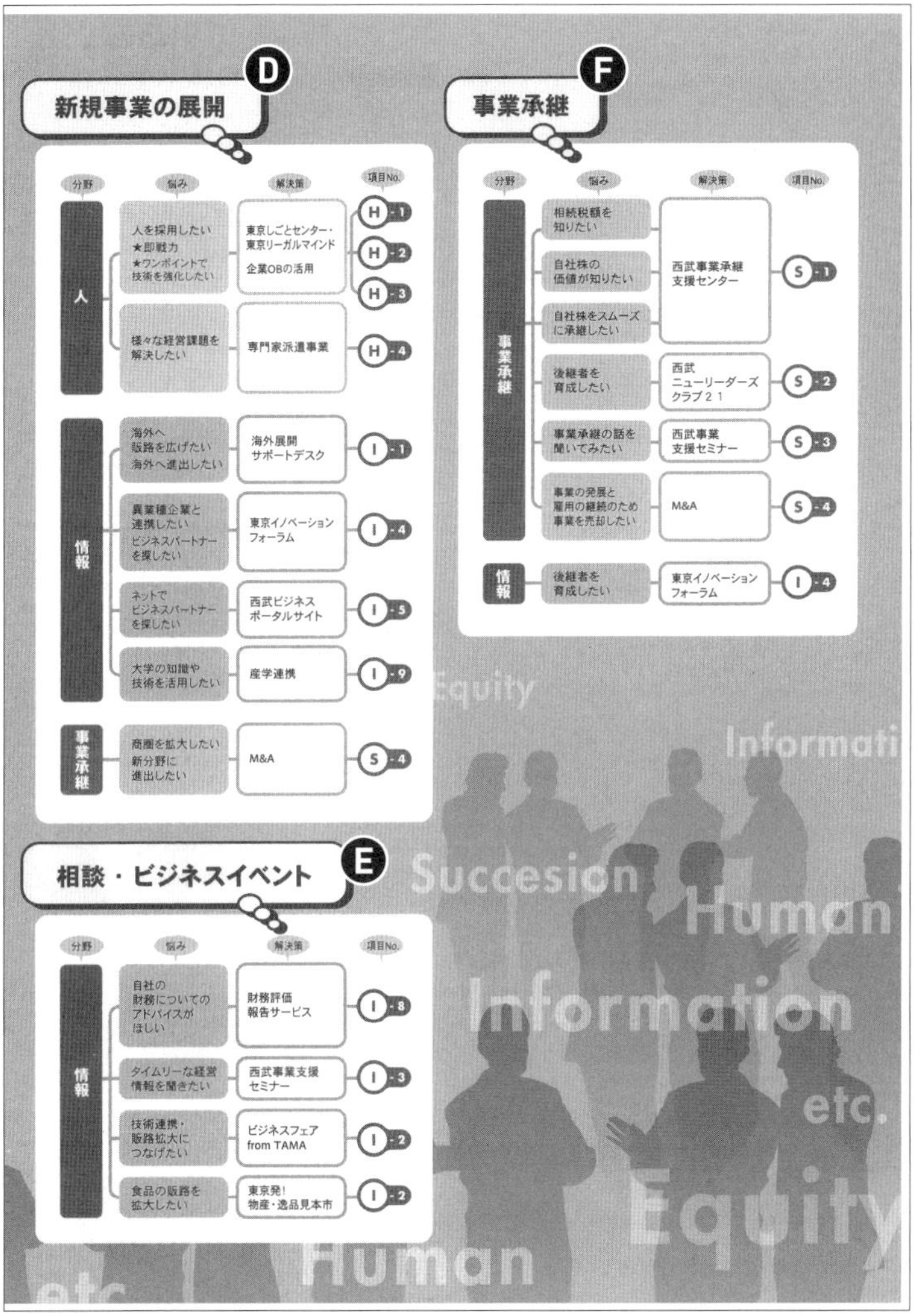

D：新規事業展開の人、情報その他の悩みに対する解決策と項目No.です（124～127ページの項目を見る）

E：相談・ビジネスイベントの情報その他の悩みに対する解決策と項目No.です（125ページの項目を見る）

F：事業承継での情報その他の悩みに対する解決策と項目No.です（125・127ページの項目を見る）

● パンフレット④

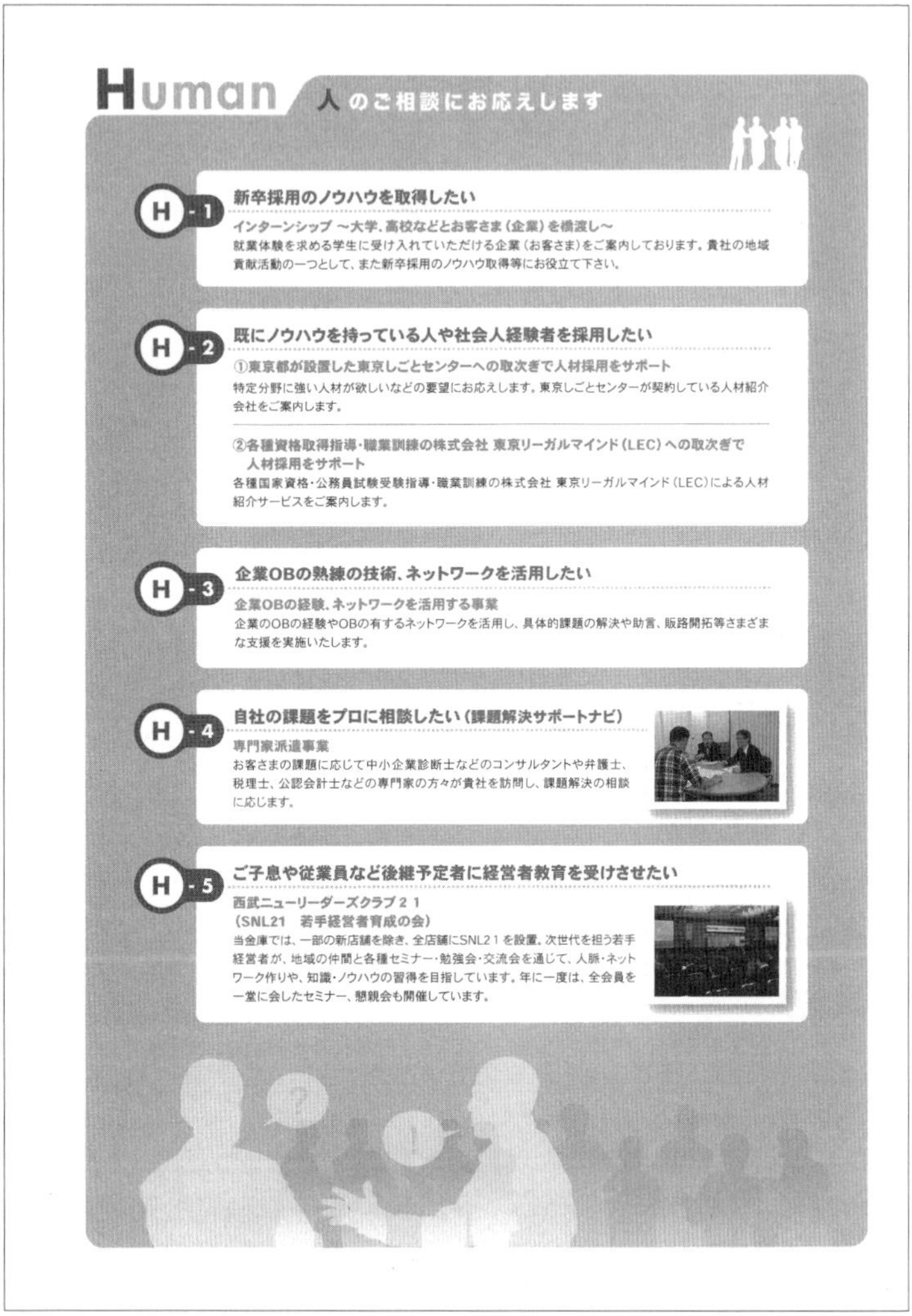

Human 人のご相談にお応えします

H-1 新卒採用のノウハウを取得したい

インターンシップ ～大学、高校などとお客さま（企業）を橋渡し～

就業体験を求める学生に受け入れていただける企業（お客さま）をご案内しております。貴社の地域貢献活動の一つとして、また新卒採用のノウハウ取得等にお役立て下さい。

H-2 既にノウハウを持っている人や社会人経験者を採用したい

①東京都が設置した東京しごとセンターへの取次ぎで人材採用をサポート

特定分野に強い人材が欲しいなどの要望にお応えします。東京しごとセンターが契約している人材紹介会社をご案内します。

②各種資格取得指導・職業訓練の株式会社 東京リーガルマインド（LEC）への取次ぎで人材採用をサポート

各種国家資格・公務員試験受験指導・職業訓練の株式会社 東京リーガルマインド（LEC）による人材紹介サービスをご案内します。

H-3 企業OBの熟練の技術、ネットワークを活用したい

企業OBの経験、ネットワークを活用する事業

企業のOBの経験やOBの有するネットワークを活用し、具体的課題の解決や助言、販路開拓等さまざまな支援を実施いたします。

H-4 自社の課題をプロに相談したい（課題解決サポートナビ）

専門家派遣事業

お客さまの課題に応じて中小企業診断士などのコンサルタントや弁護士、税理士、公認会計士などの専門家の方々が貴社を訪問し、課題解決の相談に応じます。

H-5 ご子息や従業員など後継予定者に経営者教育を受けさせたい

西武ニューリーダーズクラブ２１
（SNL21　若手経営者育成の会）

当金庫では、一部の新店舗を除き、全店舗にSNL2１を設置。次世代を担う若手経営者が、地域の仲間と各種セミナー・勉強会・交流会を通じて、人脈・ネットワーク作りや、知識・ノウハウの習得を目指しています。年に一度は、全会員を一堂に会したセミナー、懇親会も開催しています。

前述した 122・123 ページの人の相談についての項目（H-1 ～ H-5 ）

● パンフレット⑤

Information 情報のご相談にお応えします

I-1 海外へ進出したい

海外展開サポートデスク

ますますグローバル化が進む日本経済。地域の中小企業の海外展開に対する要望も、増加しつつあります。まずは当金庫にご相談ください。法務・会計・税務・マーケティング・人材・ファイナンスなど、海外ビジネスで求められるニーズにワンストップで、専門家がお応えします。

I-2 ビジネスイベントに参加したい

①ものづくり企業などの皆さま 「ビジネスフェア fromTAMA」

産学官プラス金融の連携を実践する、当金庫最大規模のビジネスイベントです。技術、アイデア、デザインなどのノウハウを持った企業や大学が集結し、毎年多くのビジネスマッチング（商談）や異業種交流が活発に行われ、本イベントから新たな事業が始動します。

②食の見本市に出店したい 「東京発!物産・逸品見本市」

地域の食料品製造・販売業を営む企業をメインに、東京のおいしい逸品・自慢の味をご紹介する、当金庫人気のイベントです。会場は終始お客さまで大賑わいとなり、デパ地下のような活気に包まれます。また、食にまつわる相談ブースの設置や、販路拡大のためのバイヤー商談会も行っています。

I-3 セミナーに参加したい

西武事業支援セミナー

様々な分野の専門家、コンサルタント、現役の経営者などを講師に招き、ビジネスマナーや販路拡大ノウハウ、新興国・環境ビジネス、新たなビジネスモデルなどタイムリーなテーマについて生の声でお伝えします。実務者中心の講師選定ですので迫力のあるお話ばかり。どなたでも参加可能ですので積極的にご活用下さい。

開催情報は、当金庫ウェブサイトをご覧ください。

I-4 異業種企業と連携したい

東京イノベーションフォーラム

地域の多様な課題を情報共有し、地域のリソースの活用や連携により、地域の活性化を行うことをコンセプトとした、異業種交流会形式のフォーラムです。平成14年から開催してまいりました旧「ミニTAMA会」をリニューアルしました。

開催情報は、当金庫ウェブサイトをご覧ください。

I-5 インターネットで商品や技術をPRしたい

西武ビジネスポータルサイト…http://www.seibubp.jp

マッチングツールとして活用可能な「ビジネスマッチング」サイトとお店を紹介する「タウン情報」サイトの2つのサイトにより、Webでの販路開拓をコーディネートします。

（サイト掲載は無料です。詳しくは、お取引店舗にお問合わせ下さい。）

I-6 仕事で使う法令書式や文例を探している

デジタル法令＆文例サービス

日々の業務の中で必要とされる数々の法令書式や文例約13,000点を当金庫ウェブサイトからダウンロードできるサービスです。目的別にサンプル文例をご自由にカスタマイズしてご利用いただけます。

（本サービスは西武会またはSNL21の会員様限定のサービスです。詳しくはお取引店舗にお問合せ下さい。）


前述した123・124ページの情報の相談についての項目（I-7 ～ I-12）

● パンフレット⑥

I-7 新しい販路を開拓したい

ビジネスマッチング

貴社の技術・製品そしてサービス等の販売見込先を当金庫のネットワークを通じてコーディネートします。

(I-2、I-4)に掲げるビジネスイベント・セミナー、(I-5)西武ビジネスポータルサイトもご利用下さい。

I-8 自社の財務についてのアドバイスがほしい

財務評価

財務評価報告サービス　財務分析のお手伝いを行います。お客さまよりお預かりした決算書を財務評価システムにより財務分析し、経営指標をお知らせします。お客さまの財務に関する情報をご提供させていただくことによって、今後の事業計画策定等にお役立て下さい。

I-9 大学の知識や技術を活用したい

①東京大学・東京農工大学

最先端の研究と日本最高峰の研究者が集う東京大学との産学共同研究と東京農工大学との産学連携をコーディネートします。

②東京家政学院大学

新しいライフスタイル創造へのアプローチ　衣食住に関する研究から福祉分野まで生活に関する分野を幅広く学んでいる東京家政学院大学との連携をコーディネートします。

③嘉悦大学

同大学は、学生を中小企業の皆さまへ派遣するなど学生と企業のミスマッチによる新卒者の定着率ダウンを防ぐ取組みをしています。

④啓倫学園

小平、立川などで調理師、パティシエを養成する専門学校を運営している同学園は、食育を通じて社会貢献しています。食の事業者支援をコーディネートします。

⑤TAMA-TLO、キャンパスクリエイト（電気通信大学）

大学が持つ知的財産権や研究成果を広く活用することを目的とするTLOとの連携により産学連携をコーディネートします。

両企業ともに多くの大学の窓口となっています。（TAMA-TLOは、平成24年現在、17大学・1高専と連携しています）

I-10 知的財産権を取得したい、守りたい

特許・商標などの専門組織・発明推進協会の紹介

知的財産に関するご相談を一般社団法人発明推進協会にお取次ぎします。発明推進協会が提供している知財に関するサービスを会員価格にて利用することができます。

I-11 環境に配慮した経営を行いたい

ISO・Pマーク・エコアクション21取得のサービス

認定マーク取得したいけれど、どのようにすれば良いかわからない。コストは?取得期間は?などお悩みのお客さまへ専門機関との出会いをコーディネートします。

I-12 事業を立て直したい

①財務改善

骨太な経営体質となれるよう財務改善のお手伝いをします。

②事業改善

販路開拓による売上増加、原価管理、労務管理等のご要望に対し、外部専門家を派遣し、アドバイスすることにより、効率的な事業改善の一助を担うサポートをします。

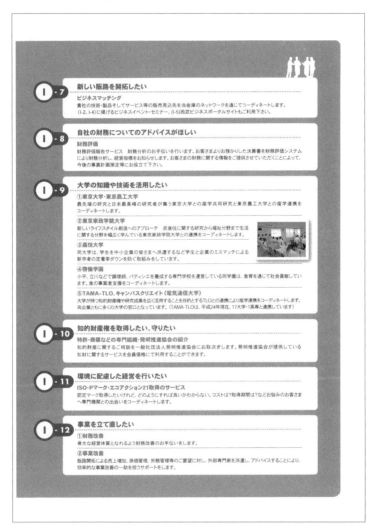

● パンフレット⑦

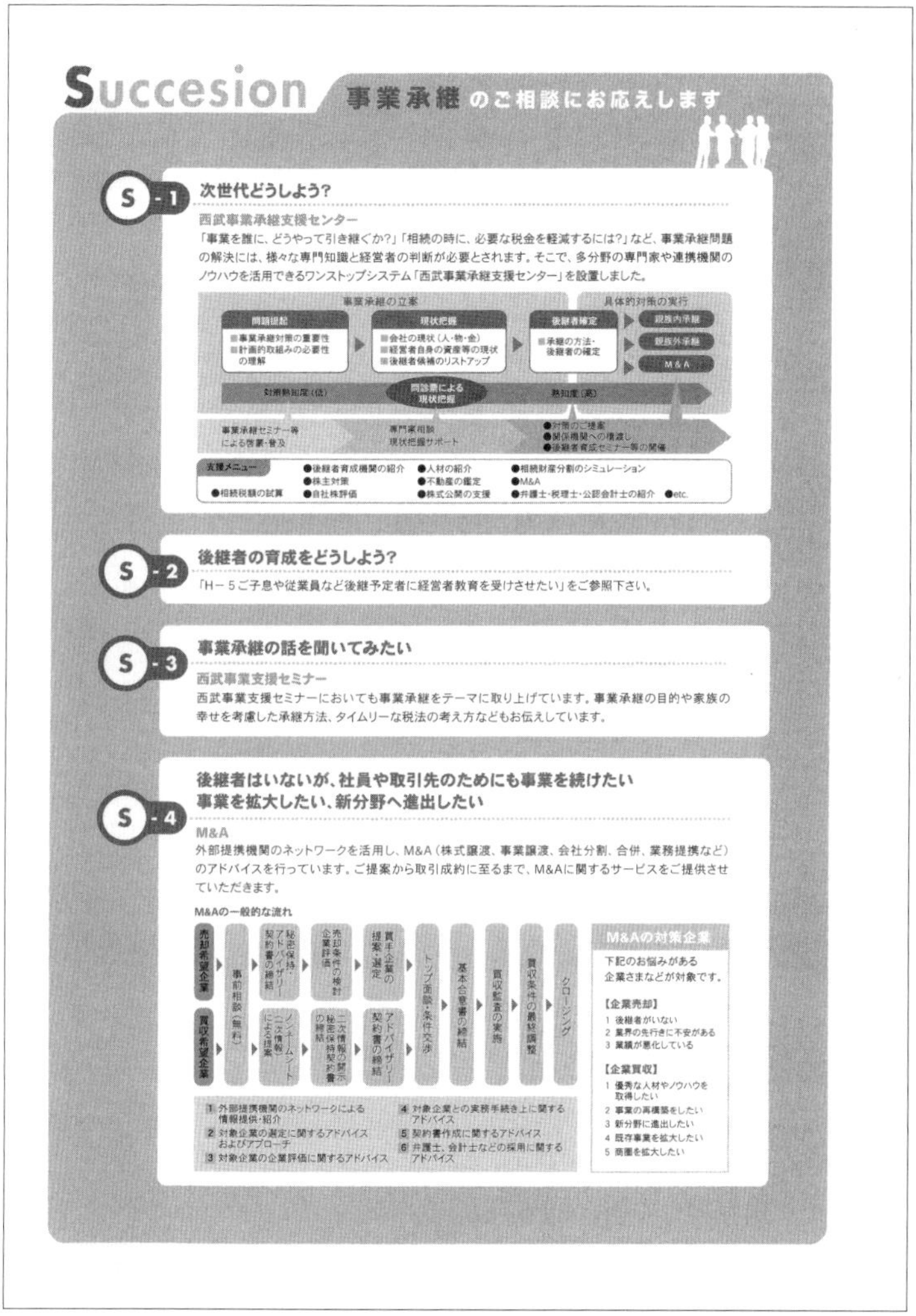

Succesion 事業承継のご相談にお応えします

S-1 次世代どうしよう？

西武事業承継支援センター

「事業を誰に、どうやって引き継ぐか?」「相続の時に、必要な税金を軽減するには?」など、事業承継問題の解決には、様々な専門知識と経営者の判断が必要とされます。そこで、多分野の専門家や連携機関のノウハウを活用できるワンストップシステム「西武事業承継支援センター」を設置しました。

支援メニュー
●相続税額の試算　●後継者育成機関の紹介　●株主対策　●自社株評価　●人材の紹介　●不動産の鑑定　●株式公開の支援　●相続財産分割のシミュレーション　●M&A　●弁護士・税理士・公認会計士の紹介　●etc.

S-2 後継者の育成をどうしよう？

「H－5ご子息や従業員など後継予定者に経営者教育を受けさせたい」をご参照下さい。

S-3 事業承継の話を聞いてみたい

西武事業支援セミナー

西武事業支援セミナーにおいても事業承継をテーマに取り上げています。事業承継の目的や家族の幸せを考慮した承継方法、タイムリーな税法の考え方などもお伝えしています。

S-4 後継者はいないが、社員や取引先のためにも事業を続けたい 事業を拡大したい、新分野へ進出したい

M&A

外部提携機関のネットワークを活用し、M&A（株式譲渡、事業譲渡、会社分割、合併、業務提携など）のアドバイスを行っています。ご提案から取引成約に至るまで、M&Aに関するサービスをご提供させていただきます。

M&Aの一般的な流れ

1 外部提携機関のネットワークによる情報提供・紹介
2 対象企業の選定に関するアドバイスおよびアプローチ
3 対象企業の企業評価に関するアドバイス
4 対象企業との実務手続き上に関するアドバイス
5 契約書作成に関するアドバイス
6 弁護士、会計士などの採用に関するアドバイス

M&Aの対策企業

下記のお悩みがある企業さまなどが対象です。

【企業売却】
1 後継者がいない
2 業界の先行きに不安がある
3 業績が悪化している

【企業買収】
1 優秀な人材やノウハウを取得したい
2 事業の再構築をしたい
3 新分野に進出したい
4 既存事業を拡大したい
5 商圏を拡大したい

前述した122・123ページの事業承継の相談についての項目（S-1～S-4）

● パンフレット⑧

Equity 資本増強のご相談にお応えします

E-1

事業の成長に欠かせない資金を確保したい

西武しんきんキャピタル（株）による出資

西武信用金庫の100％出資の子会社「西武しんきんキャピタル株式会社」が、当社が運用しているファンドから投資をさせていただく支援を行っています。またハンズオン型のベンチャーキャピタルとして投資後は、定期的に事業の進捗状況についてモニタリングを行うと同時に販売先の開拓支援等も積極的に行っています。

E-2

安定した第三者株主を確保したい

東京中小企業投資育成（株）のご紹介

東京中小企業投資育成（株）との提携により、上場の見込がないとしても安定した資本を取り入れたい中小企業の皆さまの資本増強をコーディネートいたします。※東京中小企業投資育成（株）による投資審査がございます。

etc. その他のご相談にお応えします

etc.-1

創業支援セミナー

創業期に必要となる課題に対応した支援を行います。

コミュニティビジネス支援

セミナーやイベントの実施、団体と企業との連携及び事業課題に対応した支援を行います。

西武インキュベーションオフィス（一般事業者向け）

西武新宿線・新井薬師駅の目の前に立地するベンチャー企業の育成を目的としたオフィスです。格安な家賃と創業支援に必要な支援体制が特徴です。入居には審査がございます。

西武コミュニティオフィス（コミュニティビジネス専用）

地域活性化の推進を目的に社会貢献事業を営むNPO法人や団体・個人の皆さまにご利用いただけるオフィスです。JR荻窪駅より歩いて１分の好立地事務所で格安な家賃です。地域の中間支援組織と提携し運営しています。入居には審査がございます。

法人インターネットバンキングサービス

Webから預金残高、資金移動、総合振込、給与・賞与振込、預金口座振替、外国送金がご利用いただけます。ご利用には月額基本手数料がかかります。尚、セキュリティ対策ツールとして「nProtect　Netizen（エヌプロテクト ネチズン）」は無料でご利用いただけます。

外為インターネットバンキングサービス

オフィスのパソコンで外国送金ができる便利なサービスです。ご利用には月額基本手数料がかかります。

西武信用金庫では、多様なお客さまの課題を自金庫や提携いただいている専門家の皆さまと協力することで解決策を検討しております。当支援メニューに該当しないと思われます課題であっても営業店担当者へお問合せ下さい。本部、営業店が一丸となって解決策を探ります。西武信用金庫の事業支援メニューをぜひご活用下さい。

※専門家や連携機関による初期相談は無料となりますが、その後のサポートメニューの活用は有料となることがあります。

連絡先

お客さま支援センター
西武信用金庫

担当：

TEL：

前述した 122 ページの資本増強とその他項目です（資本増強 E-1 と E-2、その他 etc-1）

この西武信用金庫のお客さま支援センターは、西武信用金庫の代名詞であり、「2016年の年次報告書　DISCLOUSURE 2016・3」では、次ページのように西武信用金庫そのものということで表紙に掲げられています。

この西武信用金庫のお客さま支援センターをマーケティングの観点から見たらどうなるかということを、マーケティングをお客さまの笑顔を、経営者を含めて従業員全員で達成すべき経営の中心核としてとらえ、また、企業の拡大主義を批判しているマーケティング界の第一人者、明治大学商学部の大友純教授の考え方を見て、一つの参考に供したいと思います。

大友教授は、次のように主張します。

「マーケティングとは、企業が行うべき顧客の笑顔を引き出すために必要なすべての活動のことをいう。

このためには、小売店頭における販売担当者や組織顧客を相手にする営

●「年次報告書　DISCLOUSURE 2016.3」表紙

お客さまと共に生きる相互扶助

業担当者はもちろんのこと、直接には顧客との接点がない工場部門や仕入れ部門、広告・宣伝部門、市場調査部門、倉庫部門、あるいは総務部や人事部の従業員ですら、自らに与えられた仕事を真摯に誠実に的確に行うことが不可欠となる。

そうでなければ、そのしわ寄せは必ず顧客に向かうことになり、結果として笑顔の消滅につながるであろう。

要するに、すべての従業員がマーケティング活動を担っているといってよい。

たとえば、倉庫管理担当者がいい加減な仕事をしたために、在庫品に傷みが生じていたのを知らずに販売したとか、人事担当者が話すことが不得意な従業員を営業部に異動させたがために顧客への不十分な説明からトラブルが生じた。

あるいは、経理担当者が顧客からの入金処理を誤って二重請求をしてしまったとか、それは顧客側の不満顔につながり、あげくには『いい加減な企業である』とのイメージを社会に植え付けてしまうことになりかねない。

いずれにせよ、顧客が商品の使用や買い物行為の際に、あるいは飲食店での食事などにおいて、その商品や店舗を選択することはないであろう。

もし、その商品やその店にしかない場合でさえ、競合品や競合店が登場した瞬間にそちらが選択されざるを得なくなるであろう。

ビジネスは、顧客の笑顔を日々創造し続けることでしか成立しないのである。

100年200年と続く老舗企業であってさえも、たった一回の不誠実な対応によって顧客の笑顔を奪ってしまえば、市場から消えざるを得ないことは多くの経験的事実として皆の知るところであろう。

さてこの〝笑顔〟は、基本的には買い手である顧客側の購買目的に適った結果として得られるものである。」


（参考：「販売対象の再認識とマーケティング活動」大友純 「販売士」2014年9月号16ページ 社団法人日本販売士協会）

このように、大友教授は、顧客の笑顔と満足を、経営の究極のものとして主張されているのです。

著者は、このような顧客の笑顔を創造することこそ、西武信用金庫のお客さま支援センターそのものであると確信します。

金融機関の真髄は、信用金庫の対象とされる中小企業の支援であって、そのために非営利を前提とするが、維持するためには利益が必要とされるのです。

まさに、西武信用金庫のお客さま支援センターこそが金融機関の本当のあり方を示すもので成功しないわけはないのです。

そして、中小企業がそれぞれ抱えている問題を解決する総合コンサルバンクであると考えられます。

中小企業の課題や問題を解決するためには、それを解決する智識や智慧が必要となります。それが2，000以上の団体と提携して、あらゆる課題や問題に対処するための総合コンサルバンクです。

とにかく融資先を倒産させない

――落合哲学「7－4＝3」

融資先を倒産させない西武信用金庫の戦略は、倒産した金融機関のほとんどが融資先への貸出債権の回収ができないことが原因ということから考えられた戦略です。

つまり、金融機関の倒産原因は融資先が倒産することにほかなりません。周知の通り、会社が倒産すると、金融機関が貸し出した債権額全体が損失となります。

もちろん、融資に際しては、土地とか建物、有価証券といった担保を設定するわけですが、債権額の全額に当たる担保があれば、損失は生じません。

しかし、一般的には債権額の50％の担保とかであったりします。したがって、実際には、融資先が倒産すると債権額の70％ぐらいが貸し倒れとなって損失が計上されます。

1億円貸して、7，000万円が損失となるということですから、金融機関にとって大きな痛手です。

たとえば、この際に、いろいろなコンサルティングを行って、追加融資などで倒産を防いだ場合、かかるコストが40％であるとしたら、差額の30％の損失をカバーできることとなります。

そういうことならば、倒産させないほうが金融機関にとってプラスなのです。

つまり、ポジティブな戦略となります。

融資を断って、倒産させるようなネガティブな戦略よりも、いろいろなその融資先の課題や問題や経営環境等を解決することによって活かすほうがはるかに、はるかにその融資先のためであり、また金融機関自体のためにもなるわけです。

かつて、松下幸之助は、〝松下幸之助の遺言〟で、無税国家構想を発表しています。

昭和53年（1988年）のことです。

「今日の国家財政は単年度主義であり、一年で予算を使い切ろうとするため、ときには無駄な使い方も見られる。これを政治の生産性を高め、やるべき仕事はやったうえで剰余金を出して積み立てる制度に変えよう。毎年、国家予算の数パーセントを剰余金として蓄積し運用していけば、百年後、二百年後には膨大な額となって、その金利収入だけで国家運営を進めていくことができる。そうすれば、〝無税国家〟、さらには国民に収益を還元する〝収益分配国家〟の建設も可能であろう。

行政のあり方を抜本的に見直し、徹底した改革を加えねばならないが、お互い国民の知恵と努力を寄せ合えば、必ず実現できるに違いない」

また、この前提として、あらゆる企業は、絶対に損失を計上してはならないのであって、利益を上げることが、あらゆる企業の目的で、絶対に損失を出してはいけないということも述べています。

そうすることによって、あらゆる企業が法人税を国家に支払えば、個人からの所得税や消費税等を取ることなく、既述の無税国家が実現できるとされています。

つまり、あらゆる企業が利益を上げなければならないのであって、そのために企業を立ち上げるのです。

したがって、そこに融資する金融機関は、絶対に融資先を倒産させてはならないのです。

この原点に立って、お客さま支援センターを中心に総合コンサルバンク化を目指すのが西武信用金庫なのです。

後継者育成支援に徹する

――3つの事業により実行・実現

また、それにも増して、重要なことは、減り続ける中小企業の未来戦略として西武信用金庫が行っている中小企業経営の後継者育成を中心とする教育支援です。

中村天風師は、経営や事業について次のように述べられています。

〝どこまでもまず人間をつくれ。それから後が経営であり、あるいは事業である。〟

さて、西武信用金庫は、中小企業の支援のために、教育事業として次のようなことを行っています。

次世代をどうするか〈西武事業承継支援センター〉

「事業をだれに、どうやって引き継ぐか？」「相続の時に、必要な税金を軽減するには？」など、事業承継問題の解決には、さまざまな専門知識と経営者の判断が必要とされます。そこで、多分野の専門家や連携機関のノウハウを活用できるワンストップシステム「西武事業承継支援センター」を設置しています。

後継者セミナーを行う〈西武事業支援セミナー〉

戦略論や財務論、企業経営理論について3回のシリーズが、年間9回ワークショップ形式で、それぞれ20人以上の方が参加しています。

若手経営者を育成する〈西武ニューリーダーズクラブ21（ＳＮＬ21会）〉

「若手経営者育成会」ともいいます。

西武信用金庫では、一部の新店舗を除き、63支部にＳＮＬ21を設置しています。

次世代を担う若手経営者が、地域の仲間と各種セミナー・勉強会・交流会を通じて、人脈・ネットワーク作りや、知識・ノウハウの習得を目指しています。

この会員数は、1,793社以上となります。年に一度は、全会員を一堂に会したセミナー、懇親会も開催しています。

このような、後継者育成については、日本の再生のために必要不可欠ですので、よりいっそう、経営哲学や説明力・説明責任講座といった経営者としての基礎的素養の講座を含めて真剣に取り組んでほしいと思います。

第6章

落合寛司の経営哲学

これまでは西武信用金庫の制度・仕組みを分析してきた。
本章では人間・落合寛司の内面に迫る。

人がすべて

――基本理念［人間主義］を実践し続ける

西武信用金庫の基本理念は、次の通り［人間主義］＝人がすべてです。

「人間主義とは、役職員・社員一人ひとりが組織の中で個性と能力を最大限に発揮し、地域のお客さまとのつながりを深めて共に発展する、すなわち、人が経営のすべての原点であるという考え方です」

これは、きわめて重要で正しい基本理念です。

あの松下幸之助とか、稲森和夫も教えを受けたという、日本の大哲人中村天風師は、経営においても「どこまでもまず人間をつくれ。それから後が経営であり、あるいはまた事業である」と言われています。

新しい製品・商品・サービスを開発するのは、人間です。

また、製品を造り、商品・サービスを提供するのも人間です。

そして、製品を販売するのも人間です。

したがって、優れた人間をつくり、育成し、雇えば、優れた製品を開発し、製造し、販売できることとなります。

また、優れた人間をつくり、育てれば、優れた商品やサービスを開発し、販売やサービスを提供することができます。

そしてまた、優れた人間をつくり、

● 人がすべて

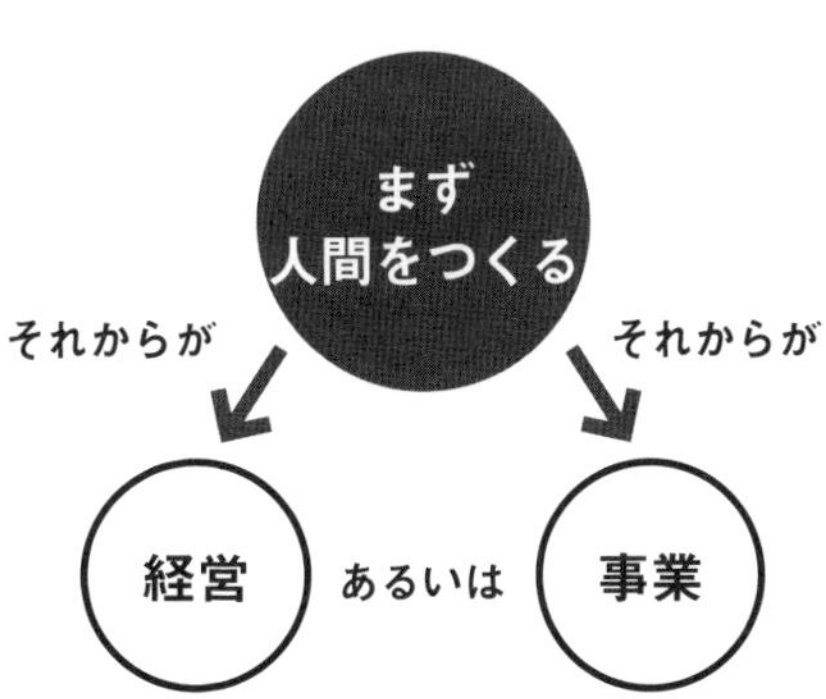

人類社会は人間が
中心です。
経営も事業も
人がすべてです

育てれば、お客さまと良い関係をつくり、地域社会や一般社会とも良いコミュニケーションができることとなります。

【安田善次郎の哲学】——経営は「人」

安田銀行（富士銀行、現在のみずほ銀行）と安田生命（現在の明治安田生命）で三菱、三井、住友財閥とともに日本の4大財閥の一つ安田財閥を創った人です。

明治時代に金融王として、「金は集めるより散じるが難《かた》し」つまり儲けるより使うことのほうが難しいと言ったという天才的に儲けることを得意としました。この当時、雨後のタケノコのように設立された銀行の設立に大いに関係し、多くの銀行を救済して日本に貢献した人です。

この多くの銀行の救済から、事業や経営が成功するのは、**「一にも人物、二にも人物、そのトップになる人の人物如何《いかん》」**と喝破しました。

トップになる人が満腔《まんこう》の熱心さと誠実さをささげ、その事業とともに倒れる覚悟があれば十分であるといわれています。

安田の話に、人は、皆、信仰心をもって聞き惚れたということです。また、社会の発展に大きな足跡を残し、東大に匿名で講堂を寄付して、死後、安田講堂と名付けられました。

また、京浜地区の大規模な埋め立てを完成させ、大工業地帯を実現させ、鉄道事業など日本の発展に大きな貢献をしました。

JR鶴見線にある安善駅は、彼の名前を付けたものです。

これも、天風師と同じで、経営は「人」と考えていたことの証です。

【後藤新平の哲学】——人を残すのが上

明治、大正、昭和初期に活躍した科学的政治家でした。

彼の言葉に**「カネを残すのは下。事業を残すのは中。そして人を残すのが上」**とあって、自ら実践していました。

この人は、現代の日本に大きな貢献をしています。

台湾が親日であるのも、中国の大連が日本に好印象を持っていて美しい街並みを残しているのも後藤の貢献です。１００年先を見越していたとも言われています。

台湾総督府民政長官時代に、科学的調査を徹底して政策を実践し、現在も残っている台湾市内の広い道路や上下水道は、当時の東京より進んでいたと言います。

初代満州鉄道総裁として、線路を狭軌から広軌に代えて輸送力を大きくし、満州（現・中国東北部）の発展に貢献しています。

大臣を経験した後、請われて東京市長になっています。この時に、人材を集めるのに高給で雇い入れました。これは、台湾や満鉄時代にも行ったことで、人材の登用に反対されても高給で優遇しました。

後に、関東大震災後に、復興のために内相となり、復興に取り組むものの、その予算が否定され、８分の１に削減、実現されなかったのです。

後に昭和天皇が「後藤の計画通りやっていたら、東京空襲の被害は非常に軽かった」と嘆かれ、残念がったといいます。

● 安田善次郎の哲学

一にも人物

二にも人物

三にも
トップの人物
如何

とにかく「人」が基

● 後藤新平の哲学

カネを
残すのは
下

事業を
残すのは
中

人を
残すのが
上

人を育成し、その活用が基本です

● 松下幸之助の哲学

松下電器は、人をつくっている会社

人間社会では、人間が中心。
中村天風師の言葉「どこまでも人間をつくれ。
それから後（のち）が経営であり、あるいはまた事業である」

人を大事にし、人を活用したことが彼の偉大な業績となったのであり、21世紀の日本のあり方にも影響することでしょう。

[松下幸之助の哲学]——部下の持ち味を見分ける

経営の神様と言われたこの人ほど、田中角栄と同じく出版の対象となった人はないでしょう。どちらも今太閤と呼ばれました。

松下幸之助は、人事部の研修会で「**松下電器**(**現在のパナソニック**)**は、何をつくっている会社であるかとたずねられたら、松下電器は人をつくっている会社です**、あわせて電気製品をつくっておりますとなぜ答えられんのや。人間育成が松下電器の仕事やと本気で考えてない証拠やないか」と言ったという有名な話があります。

ある評論家は、それは松下さんが建前で言ったのであって、本音は電気製品をつくっている会社でこれを信じ込ませようとしているといっていますが、前述した天風哲学を学んだ松下幸之助ですから、本気だったことは間違いないでしょう。安田善次郎や後藤新平の哲学から松下幸之助も本気でそう考えていたと思います。

それが、経営の本質ですから。

人類社会では、人が中心ですから、人を活かすこと、育成することは、人類社会の絶対真理であって、それが家庭や教育組織だけでなく会社組織でも人創り、人の育成が目的であるといっても過言ではありません。

そういう意味では、西武信用金庫の会社の理念は、絶対に正しいと判断されます。

松下幸之助は、これに加えて、「指導者は、どんな人にも使いみちがあることを知らないといけない」と言っています。

人は、それぞれ持ち味をもって活かされています。

それぞれすべての人の顔が違うように、それぞれの人がそれぞれの持ち味をもって仕事をし、生活しているわけです。

ですから、経営者や管理者は、部下の持ち味を知って、それを十分に活用することです。

まず、第一に、部下の持ち味がどこにあるかを見分けることが大切です。

まず、社員・職員の持ち味がどこにあるかを知っていなければなりません。

この時、注意しなければならないことは、長所だけ見てやることです。

その次に、その持ち味をどう活かしたらよいかということを考えなければなりません。

人は、だれでも偏見や先入観があります。

しかし、組織行動をする場合、好き嫌いで人を使ってはいけません。

どんな人でも使いみちがありますから、その持ち味によって、ある意味では十人十色、万人万様の使い方があるわけです。

このように、それぞれの持ち味を活かすことは、人にとって何が大切であるかを知っているからこそできることとなります。

また、松下幸之助は、「指導者は、人間みな兄弟の思いをもたないといけない」と言います。

よく共生という言葉を使うことがありますが、人が人として生きるということは、すべての人と調和して共に栄えていくということにほかなりません。

経営者や管理者は、常に人間みな兄弟であるという思いを持つようにしないといけません。

これに関して、松下幸之助を指導した天風師は、〝働き、働く人生哲学〟で、「同じ組織内で働く仲間同士は、お互いに他人という感覚で見ないようにしなければならない」と言われ、かりそめにも、現代の文化に生きるものは、せめて観念の世界では、すべての人を他人と考えないで四海みな一家、同胞であると考え、活きるべきであるとしています。

このようなことからも、西武信用金庫の人間主義、人が経営のすべての原点という理念は、哲学的にも、科学的にも絶対に正しい理念で、自然の法則に適合するものです。

ポジティブで臨む

——つらい時にこそ「元気を出す」

落合は、ポジティブについて次のように言います。

人生は、ネガティブよりポジティブがいい。

たとえば、私（落合）は、新人が入ってくると優秀な人に3年生の仕事を渡したときに、その仕事をもらった1年生の新人が〝1年生の私に3年生の重要な仕事をさせてくれる〟とポジティブに思ったら、この仕事は楽しくなるし、一生懸命やるから結果はよくなります。

しかし、〝1年生の給料なのに、なぜ、3年生の重要な仕事をさせるのか。3年生の給料を払ってからこの仕事を命令すべき〟とネガティブにとらえると仕事は全然楽しくないし、結果は悪くなって、その人には重要な仕事は、こなくなるという話をします。

このように、ポジティブな気持ちを持つ癖をつけることは大事です（習慣にする：著者注）。

「まえがきに代えて（出会い）」で触れたように、亜細亜大学卒業式に際して、卒業生に対する祝辞での〝ポジティブに生きよ〟という、落合の哲学について考えてみたいと思います。

ポジティブとは、積極的、陽のことで、前向きのことです。

これに対するのは、ネガティブで、消極的、陰のことで、後ろ向きのことです。（過去は絶対に変えられない：宇宙の絶対的真理）

このポジティブという言葉の原点で思い起こされる言葉は、積極的思考という言葉であり、最近のわかりやすい言葉でいえば「プラス思考」でしょう。

プラス思考という言葉は、カタカナ表現で若い人を中心に、すぐに理解できる言葉ですが、その中味のことになると、なんといっても日本の大哲人と称された中村天風師の「絶対積極」思考でしょう。

ヨガを原点として独自に開発した心身統一法での、前提として、人間の心の態度（精神状態）を絶対積極にすることとは、人生の幸福と成功の心の態度ということをとなえています。

天風師は、（前述しましたが）この絶対積極を「ゼッタイセキギョク」と呼び、「ゼッタイセッキョク」とは呼びません。

これは、天風師独特の言い回しで、宇宙の本体である宇宙霊がゼッタイセキギョクによる、あくなき進化向上であるところからゼッタイセキギョクという言い回しになったと思われます。

つまり、人々の言う積極思考（プラス思考）は、消極思考に対するものであったり、元気でない時には消極的で、元気のある時には積極的という意味で、つまり怒る時、怖れる時、悲しい時は、怒ればよいし、怖れればよいし、悲しめばよい、無事な時に元気でいればよいといった、相対的な積極思考（プラス思考）なのです。

これに対して、天風師のゼッタイセキギョク（絶対積極）は、消極思考やマイナス思考に対する積極ではなく、病の時でも、不運な時でも、不幸な時でも、絶対に積極であるということです。

つまり、怒る時でも、怖れる時でも、悲しい時でも、心の態度（精神状態）は積極的、つまり、事無き時（無事で元気な時）も、事有る時（病の時、不運に見舞われている時も）も、常に、心の態度（精神状態）が、絶対に積極的（絶対にプラス思考）であることなのです。

普通は、プラス思考と言い、英語でポジティブと言います。

落合の言う、ポジティブという言葉は、天風師の言うゼッタイセキギョク（絶対積極）であろうと著者は考えています。

なぜなら、落合は、仕事の中に楽しみがあり、遊びは当然無邪気に楽しんで、常に前向きです（楽しいことでも終わったことは、すなわち過去は語りたがらない）。それは、中小企業診断士の資格を取ろうとしたきっかけとなった、前述した若き時（20代）の融資先倒産から「金融のプロ」「経営のプロ」を目指したことで、悲劇を超えて前向きに自己向上へと心機を転換したことに鮮やかに見ることができます。

彼は、ゴルフの時も、ホールごとにポジティブにコースに挑み、パターの時も「ポジティブ！ポジティブ！」とつぶやいています。

これが本当の意味で、天風師の言うゼッタイセキギョク（絶対積極）です。落合のポジティブの考え方の基本は「人は人生の中で常に二度とない時間を過ごしています。ポジティブに生きないと後悔し取り返しがつかない。」というものです。

話は変わりますが、どんな時でも、病の時にも、天風師は絶対に「病気」とは言いません。つまり、肉体の病を心まで病ませることはありません、ということです。

肉体と同じように、心も人が活きていく場合の道具ですから、肉体という道具の故障で、心という道具まで故障させる必要はないのです。コマーシャルで健康サプリで元気はつらつなど宣伝していますが、大事なことは一般的にいう「病気の時」「不運な時」「不幸な時」に元気かどうかです。サプリを飲んでいる芸能人や一般人は、そのサプリを飲んで元気ということでしょうが、それで元気であることと、一般的にいう「病気の時」とか「怒っている時」「恐れている時」「悲しみに出会っている時」などに元気かどうかとは違うと思います。これが天風師のいう絶対セキギョクなのです。自然と笑みがでてきますよ。

元気な時はだれでも元気です。

ちょっと具合が悪いとか、ちょっとだるい、やる気がでない、不安やストレスを感じている……そういう時にこそ、元気が出る人がゼッタイセキギョクなのです。我儘とか、意地を張っているとか、から威張りではないのです。どういう時でも病や不運でも、普通に元気なことが大事なのです。

心の態度〔精神状態〕が積極的の場合〔哲学面〕

そこで、ポジティブ思考を実践してみましょう。

心の態度（精神状態）をゼッタイセキギョク（絶対積極）にすると、結果としてどうなるかということを天風師の心身統一法を哲学的の面と科学の面の二つの面から簡略に示します。

まずは前者の面から紹介していきます。

つまり、常に明るく、活き活きと、ほがらかに、勇ましく、晴々と笑い、元気な場合は、神経系統を通じて再生力を完全にし、それが自律神経とホルモンを調和させ、体も健康になります。

実際にやってみるとわかりますよ。嫌なことがあってもニッコリと笑ってみましょう。気合いを入れてみましょう。

かんたんにわかりますから。

● 心の態度（精神状態）が積極的の場合（哲学面）

（心を）

明るく
ほがらか
いきいき
美しく
笑い など

↓

絶対積極思考（病いの時も、不運の時も）

↓

各組織の機能を再生化

↓

生命の再生力を完全にする

物の進化向上も必要ですが、
それ以上に心の進化向上がより必要

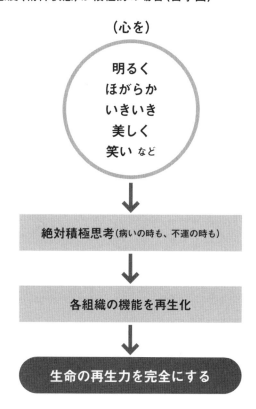

心の態度（精神状態）が積極的の場合〔科学：医学面〕

常に明るく、イキイキと、ほがらかに、勇ましく、はつらつと笑い、元気な場合は、次ページの図のようになります。

また、ポジティブとは、次のような話でお分かりになると思いますが、創造的生活、創造的仕事をすることにつながります。

すなわち、ここで、一つかんたんな例をあげてみます。

仕事が何であるかに関係なく、紙くずを拾って歩く場合でも、その人が自分の従事する仕事の創造的進化を頭に描いたらどうでしょうか？

「食うために拾って歩くんだ」というよりも、「こうやって町をきれいにして、人々の気持ちもきれいにして、そして、そのお恵みで私も食べていこう」というようなつもりになったならば、同じやっていることでも創造的進化を意識していることになります。

そうすると、その人は限りなく尽きざる幸福感を味わい得るのです。

● 心の態度（精神状態）が積極的の場合（科学：医学面）

（心を）

明るく
ほがらか
いきいき
はつらつ
笑い など

↓

大脳、小脳を使って
良い思考（絶対プラス思考）

↓

自己暗示で間脳に良い（プラス）情報を
インプットしてコントロール

↓

自律神経とホルモンの
バランスを理想的に

↓

内臓（五臓六腑）と血液、
リンパを良好にする

自律神経とホルモンのバランスがよくなり、
内臓と血液、リンパが良好

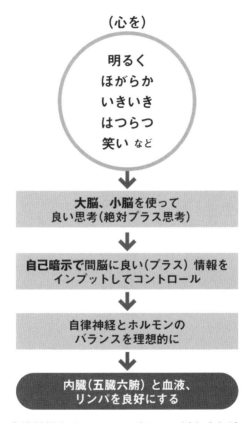

ごみを拾うのを「生活のため」ではなく、「街をきれいにすることによってそこを利用する人たちや、そこを歩く人たちが気持ちよく快適に過ごせ、歩くという創造を提供することによって給料やお金をいただいている」ことが創造的な生き方なのであって何も難しいことではないのです。このように、世の中に役立ち、人々を喜ばせることが本当の創造的生き方なのです。

ゴミがなくなることによって清潔さが保て、病気や感染、汚染を防ぐことができ、人間としての美しく、気高い生き方ができることとなるのです。とてもかんたんに創造的生き方ができるのです。創造とは、人のため、世のため（社会のため）に何かをすることです。

経験で恐縮なのですが、著者が役員をやっている会社に行くのに神田駅を降りて日本橋三越本店のほうに歩いて、ものの3分とたたないときに、向こうから大きな声で言い争いしながら来る母娘（60歳以上の母と30歳以上の娘）に逢いました。

私のちょうど目の前に来たときに声をかけられ「すいませんが、須田町に行くにはどういったらよいのでしょうか」ということでした。

右側を見るとちょうどその付近を書いた地図の看板がありましたので、それを利用しながら須田町へ行く方向を教えました。

そうしたらわかったようで「ありがとうございます」と礼を言って教えた方向に行きながら、先ほどは大声で喧嘩しながら歩いていたのが「ああ、やっぱりおかあさんのほうが正しかったのね」と言いながらお二人で今度は笑いながら去っていきました。

そのとき私は、あの母娘がさっきまで怒って喧嘩していたのに、今は笑いながら仲良く歩いていったということで、私は、その親子に対して創造的なことをして役立ったんだなと思いました。

人のため、世のためということは、このように誰にでもできるかんたんなことなのです。

自己責任で物事を判断する

――「やる気」を上げるための必要な心構え

前述した卒業式の祝辞で、「自責の心を大切にすることです」と述べた落合はこう言います。

変革期でなかなか物事がうまくいかない時に、親がいけない、家庭がいけない、世の中がいけないといっても、自分の問題は、何も解決しません。でも、この世の中でうまくやっている人は、自分と何が違うのか、自分のどこを改善すべきなのかという自責の心で物事を見ると、けっこう問題は解決します。

つまり、何事につけ自己責任の観点で、物事を判断するのです。

中村天風師は、どんな人生の出来事でも、その責任の一部分は、必ず自分にもあるということを忘れてはならないとして、天風哲学は、おごそかに、こう教えます。

「およそ、人生の一切の事件は、ほとんど、そのすべてが自己の心の力で解決されます。

すなわち、心の力こそは、生命の内部にある光なのです。

この光こそ、如何なる場合があっても消してはならないともしびです。

これこそ、我が命の中に輝かしていかなければならない、人間としての自己に対する責任です」（参考：『心に成功の炎を』中村天風述　2001年12月　390〜391ページ　日本経営合理化協会出版局）

まさに、落合の言っていることは、天風師の天風哲学と一致しているのです。また落合は言います。

前ページの発言の中の後段の部分の「この世の中でうまくやっている人は、自分と何が違うのか、自分のどこを改善すべきなのかという自責の心で物事を見ると、けっこう問題は解決します」ということは、人生で、仕事をして

いくときに特に大事なのです。

中村天風師は、このことについて、さらに言います。

「運命に対しても健康に対しても、あくまでも自己に絶対の責任があるんだと考えたときに、その考え方のなかから割り出されるものが非常に正当になってくるんだ。

その考え方の大根大本（おおねおおもと：著者注）が間違っていると、思うこと、考えることが脱線してしまう」（参考：『成功の実現』中村天風述　1996年3月　316ページ　日本経営合理化協会出版局）

つまり、〝やる気〟ということが、人間を宇宙の真理と同じように無限の能力を発揮させることになります。

たとえば、〝ビリギャルさん〟の話です。塾のビリギャルがたった1年で偏差値を40上げて、慶應大学に合格した話です。

名古屋市の学習塾で少女時代、今はやりのけばけばした化粧をして遊び歩いていて、学校、塾でも勉強しなかったのですが、先生との出会いや弁護士を目指す男子などから影響を受けて、〝やる気〟を出し、1年間で偏差値30以下から70・4まであげ、よりいっそう〝やる気〟を出し、慶應大学に無事合格したという話です。（参考：『学年ビリのギャルが1年で偏差値を40上げて慶應大学に現役合格した話』坪田信貴著　2013年12月　KADOKAWA）

このように、〝やる気〟を出せば、中村天風師が言うごとく人間能力は極端な話、無限の可能性があるのです。

また、もう一つの〝やる気〟の例は、高校にも塾にも通わず、父親の最強の教育によって3兄弟が京都大学に入ったという話です（参考：『強烈なオヤジが高校も塾も通わせずに3人の息子を京都大学に放り込んだ話』宝槻泰伸著　2014年8月　徳間書店）。長男の方が、その成功の第一に〝やる気〟を挙げています。

この話も、人間、やる気を出すと、その能力というものが如何にすごいかという実際の話です。

中村天風師の言うとおりです。

心の化粧を大切に

——忙しい中でも心のゆとりをもつ

落合は言います。

表面の化粧はいくらでもできますが、思いやりのある心や忙しいなかでもゆとりをもつことはすごく大事なので、心の充実感をたくさんもつべきです。

落合ほど、忙しい人はいないでしょう。

まるで、かつてコンピューター付ブルトーザーと言われた、田中角栄のようにです。

しかし、落合の場合、本人は、忙しい中でも心のゆとりをもっていて、充実感にあふれています。

ところで、中村天風師は、次のように述べています。

「この世の中、公平にできているんだから、心を積極的にしさえすれば、健康も立ち直るし、運命も立ち直るようにできているの。だから、もっと自分の心を磨きなさいよ」

さらに天風師は言います。

「顔だけに化粧しないで、それと同じように、心もやったらどうだい」

（参考：『成功の実現』中村天風述　３６３～３６４ページ　日本経営合理化協会出版局）

まさに、顔に化粧すると同時に、いやもっと大事なこととして心に化粧をすることが本当に大切なのです。

心は、美しく、より積極的にしましょう。

そして、男も女も心の化粧こそ大切にしましょう。

「タテ型」の説明力・説明責任

――「階級の差」を平等にするために

西武信用金庫と落合の戦略的発想には、常に説明力・説明責任がついています。それは説得ではなく納得してもらうためで、また指示・命令には上下がありますが、仕事上の意見具申には上下はありません。

特に、インセンティブの報酬や昇格・昇任を中心とする人事考課には、説明力・説明責任が絶対に必要不可欠だからです。

ここで説明力・説明責任について考えてみましょう。

著者は、かつて、『アカウンタビリティ入門』（中央経済社）を著しましたが、説明力・説明責任を次のように考えています。

説明力・説明責任とは、もともとはヨーロッパやアメリカの言葉で、アカウンタビリティと言い、その意味は「すべての行い、すべての仕事、すべての言葉、すべての態度について人としての責任を許される（責任を果たしたかどうか）ために説明やこたえること」です。

古くは聖書にもありますし、古代アテネ（紀元前5世紀ごろ）では、このアカウンタビリティが現実の問題として最も重要な鍵を握っていたということが言えます。なぜ、説明力・説明責任が必要なのでしょうか？　誰が何と言おうと、民主主義のもとは平等と自由です。法律上の自由と平等は日本では憲法で保証されています。

しかし、形ではなく法律でもなく、本当の平等と自由を保証するものは何でしょうか？　これを考えてみましょう。

階級の差から生じる説明力・説明責任

平等とは、上下関係の問題と考えられます。

上下の関係がある以上、そこに力の関係が生じます。

力の関係ができますと、そこに不平等や不平等感が生じますから本当に平等かどうかが問題になってきます。

いろいろな力の関係が生じます。たとえば、このような上下関係ができた瞬間に平等ではなくなります。

少なくとも形式的な平等は失われます。

このときです。

失われた形式的な平等を本当の意味で平等にするためには何をすればよいのでしょうか？

●「力の関係」のアレコレ

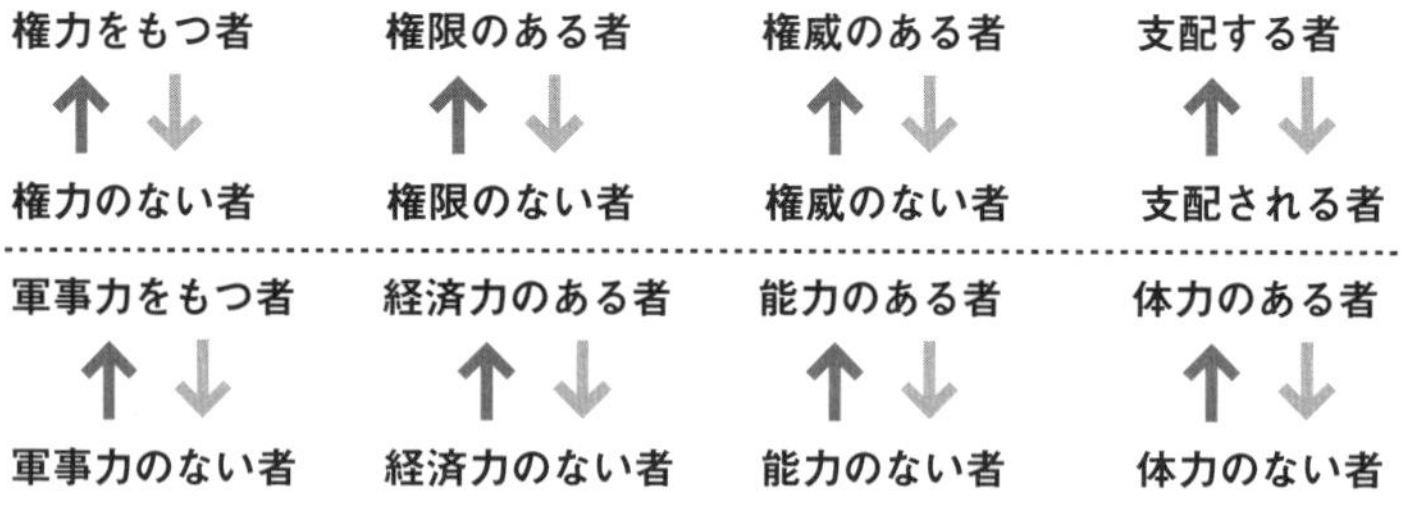

いろいろな力の関係が説明力・説明責任を必要不可欠とします。

以上の関係は、階級の差から生じる説明力・説明責任ということです。従来から、行われていた、部下が上司に説明力・説明責任を果たす場合は、契約上の伝統的な説明力・説明責任です。

これに対して上司が部下に対する説明力・説明責任は、本当の平等を達成するための新しい、そして絶対に必要な説明力・説明責任であり、人類が進化向上すればするほど必要となる説明力・説明責任です。

たとえば、人と人との関係において平等であるということは、ある一定の人類の進化過程において当たり前だということは、その過程における人々にとって、すべての人が理屈や理念において知っているはずです。

ですから、世の中の仕組みから実力や能力によって階級や処遇などに差があっても格差でない限り、認めなければならない必要不可欠の道具や手段と考えられます。

しかしながら、そういう階級や処遇等に差があったとしても、人が平等であることに変わりはないのです。

その場合、どうやって平等を達成するかということに尽きるわけで、それは人間にしかできないことです。

上司が命令を出す場合に、その命令が仕事上、正当なものであり、必要であることを十分に説明することによって部下が納得するという形を取ることが大切となります。

部下が納得しない場合には、納得できない理由を説明させ、それでも納得しない場合には、別の部下に指示することとなります。

その場合、その命令・指示を納得しない部下は、説明責任委員会でその適否が判断されることとなります。

力を与えられた者が説明を行うのは当然

労働法の中では、上司の指揮・命令権は、実際に存在していて、裁判でも指揮命令権が存在していることは、多くの判例であきらかです。

しかし、著者は、これからの雇用関係において、指揮・命令というのは、軍隊式の経営管理方式の応用であって、進化した現在の経営管理においては、適合しない権限であると考えています。

現代においては、指導・説明ということが適切であって、そうでないと組織論における平等と自由が果たされないこととなるからです。

指揮・命令権は、現代の民主主義社会の会社組織に適合しない権限であり、権力です。

そして、また誤解を受ける権限・権力の用語であると考えます。

未来の経営組織論と労働法関係においては、指導・説明の権限、権力としたほうが合理的です。現実には、会社内とか組織・団体などの中での説明力・説明責任の問題です。

この関係では、普通、上司と部下といった関係のつながりが続くことを前提にしています。

社長と副社長、副社長と専務、専務と常務、役員と部長、部長と課長、課長と主任、主任と社員という関係です。

部下が上司に対して行う説明力・説明責任は、これまでも言われてきた説明力・説明責任で、当然と考えられている説明力・説明責任です。

これまで会社における上下の関係で部下が上司に行う説明力・説明責任で権限関係やその力を与えられることから生じる責任であることがわかります。したがって、会社内とか、組織の中とか、団体の中とかで、古くから当然とされているわけです。

力を与えられた者が、力をくれた人に説明を行うのは当然だからです。

これに対して、これからの会社、組織・団体で絶対に必要な説明力・説明責任は、上司が部下にしなければならない説明力・説明責任です。

これまでは、こういう説明力・説明責任はありませんでした。

これが必要とされた理由は、次の通りです。

現在、普通の民主主義では、というより、人である限り絶対的な平等の権利があることは言うまでもないでしょう。

人である限り差別されてはなりませんし、どういう人でも絶対に平等であるという、これを公然と否定する人はいないでしょう。

「地位が高い」と「偉い」は違う

平等ですが、組織や団体や企業の仕事や行動では、必ず上下関係ができます。

なぜなら、人にはそれぞれ持ち味があり、一人としてその持ち味が同じ人はいませんが、持ち味と違って仕事や役割では同じような仕事がいっぱいありますから、その仕事の得意な人と得意でない人とか、初めての人とかそこに能力や実力が違ってきてしまいます。

そうすると、どうしても階級か、地位ができてしまいます。

そして、力を持つものと力のない者とにわかれます。

そこに、力の差ができますから平等でないこととなります。

給料も違ってきますし、力（権限や権力など）も違ってきます。

組織や団体、企業では力のある者が、力のない者に対して命令し、指導し、いわゆる「偉い」という立場になります（実際には偉いのでなく、地位が高いだけです）。力のある者が、命令し、力のない者がこの命令を聞く、そこでは平等ではなくなります。

そこで、その命令がなぜ必要であるかの説明が必要となります。

人が平等であるなら、その命令の必要性の説明が絶対に必要となります。説明に納得がいけば平等になり、その命令は単なる命令ではなく、力のない者が納得した命令ですから、軍隊のような絶対的な命令（軍隊や警察は特殊で非常な状況における組織なため、説明がほとんど必要のない絶対的な命令です）とはまったく違うものなのです。

会社や団体の組織における命令は、（軍隊のように例外的な、ないし非常な状況ではなく）絶対的命令を必要としない組織ですから、平等のために説明力・説明責任が絶対に必要となるのです。

この関係を図示すると次の通りです。

● 平等のために説明力・説明責任が絶対に必要

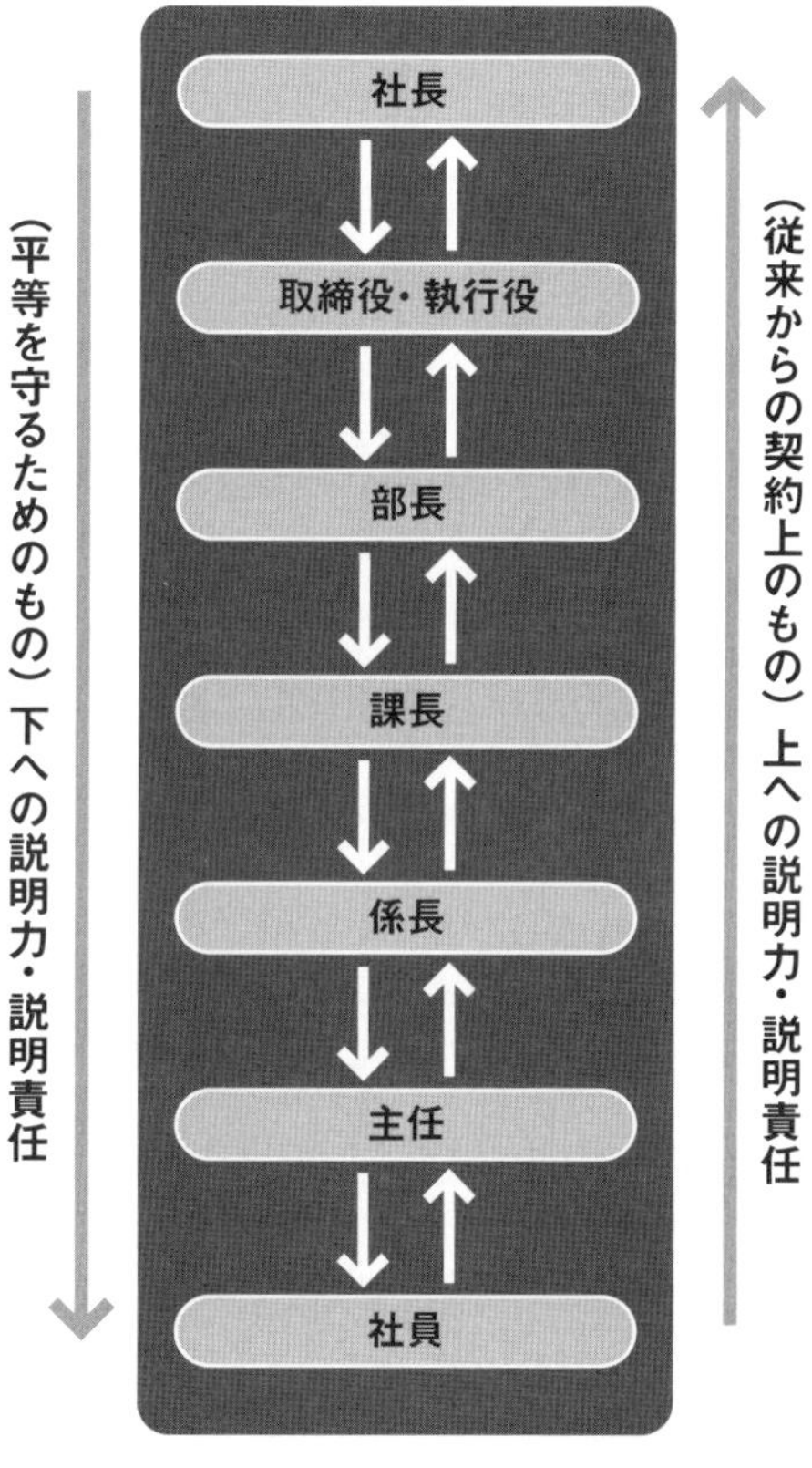

契約上のタテ型の伝統的な説明力・説明責任（右側）と
現代における平等を守るための説明力・説明責任（左側）

「ヨコ型」の説明力・説明責任

――力の影響を受ける側からとらえる

勝手気ままと自由とは違う

平等と同じように自由についても本当の意味でどのようにしたら本当の自由が達成できるかを考えてみましょう。

平等と違って、自由は上下関係より横の関係と言うか、力の影響を受ける側の問題と考えられます。

もちろん、前に述べましたように上下関係でも自由と関係しますが、どちらかと言えば上下関係以外の関係における力の影響の問題です。

人間が生きていくうえで最も崇高なことは、何の束縛もない、心のままの自由ということでしょう。

自由とは、勝手気ままとは違います。逆に言うと説明力や説明責任のある人は決して勝手気ままはしないでしょう。

ですから説明力・説明責任を果たす人は、決して勝手気ままをすることはないと考えられます。

第一に、力を行使することのうち上下関係における影響を受ける者への自由が考えられます。つまり、上司が部下に対して指示・命令をする場合の自由の拘束というか、影響というか、その自由を侵さないために行われなければならない説明力・説明責任です。

したがって、この上下関係の自由について果たさなければならない説明力・説明責任は、平等についての説明責任を果たすことによって同時に果たされることとなるわけです。

第二に、上下関係にない、つまり横の関係または、並行関係における力の行使によって影響を受ける者への説明力・説明責任であって、力の影響を受けることによって、影響を受ける人の自由な生活を、あるいは身体的、精神的な点で、自由に生きる権利を侵害する行為、仕事、言葉、態度についての説明力・説明責任です。

夫婦関係、友人関係、同級生関係、同僚関係、恋人関係、課長同士、部長同士、取締役同士、公認会計士同士、弁護士同士、税理士同士、企業の社会に対する関係、個人の地域住民に対する関係、マンションやアパートの住居人同士などいろいろな関係があります。

会社組織における同僚関係でも同じことが言えます。同僚関係も横の関係です。特に、同じ職場で気の合わない同僚がいたとすると、これも説明力・説明責任が欠けることから生じます。

「あいさつ」も説明力・説明責任の一つ

もちろん、人間ですから好き嫌いがあるでしょう。

それは仕方のないことですが、それは、説明力・説明責任とは違います。

たとえば、自分を嫌っている同僚がいたとします。

また裏で自分の悪口を言っていたり、陰口をきいていたりする同僚がいたとしても、それは進化のしていない人ですから、相手の態度によって、こちらが変わってはいけないのです。

どんな時でも、常に絶対の自分であり、相手の態度や言葉によって変わってはいけないのです。いつでもこちらから挨拶することが大切です。「あいさつ」することも説明力・説明責任の一つです。こちらが説明力・説明責任を果たす限り、いつかは必ず理解してくれるものです。

自分の言葉や行為について、いつでも説明できる言葉だけを言い、いつでも説明できる行為をすることが最も進化した人だと言えると思います。

説明力・説明責任の中で最も説明責任の理由を明らかにしなければならないのが、なぜ、説明するのかという理由そのものです。

民主主義の平等と自由を本当に実現するためには、この説明力・説明責任が必要となります。特に、人が力を行使する場合に必要となる説明力・説明責任が、この説明力・説明責任です。

平等を達成するためのタテ型の説明力・説明責任と自由を達成するためのヨコ型の説明力・説明責任です。タテ型の説明力・説明責任とヨコ型の説明力・説明責任とその他の関係をイラストにすると次ページの通りとなります。

組織として、自然と教育が定着している強さ

西武信用金庫は、人事考課や人事異動、昇格昇進等、成果主義を徹底していると同時に、そのために、絶対に必要な説明力・説明責任が徹底しています。これは、成果主義による年3回の賞与（夏期・冬季・期末）とポスト（支店長・課長等）によって、報酬が違ってきますから、どんな場合でも説明力・説明責任が必要とされます。

なぜなら、特に報酬を下げることには、しっかりとした説明力・説明責

● タテ型・ヨコ型の説明力・説明責任とその他の関係

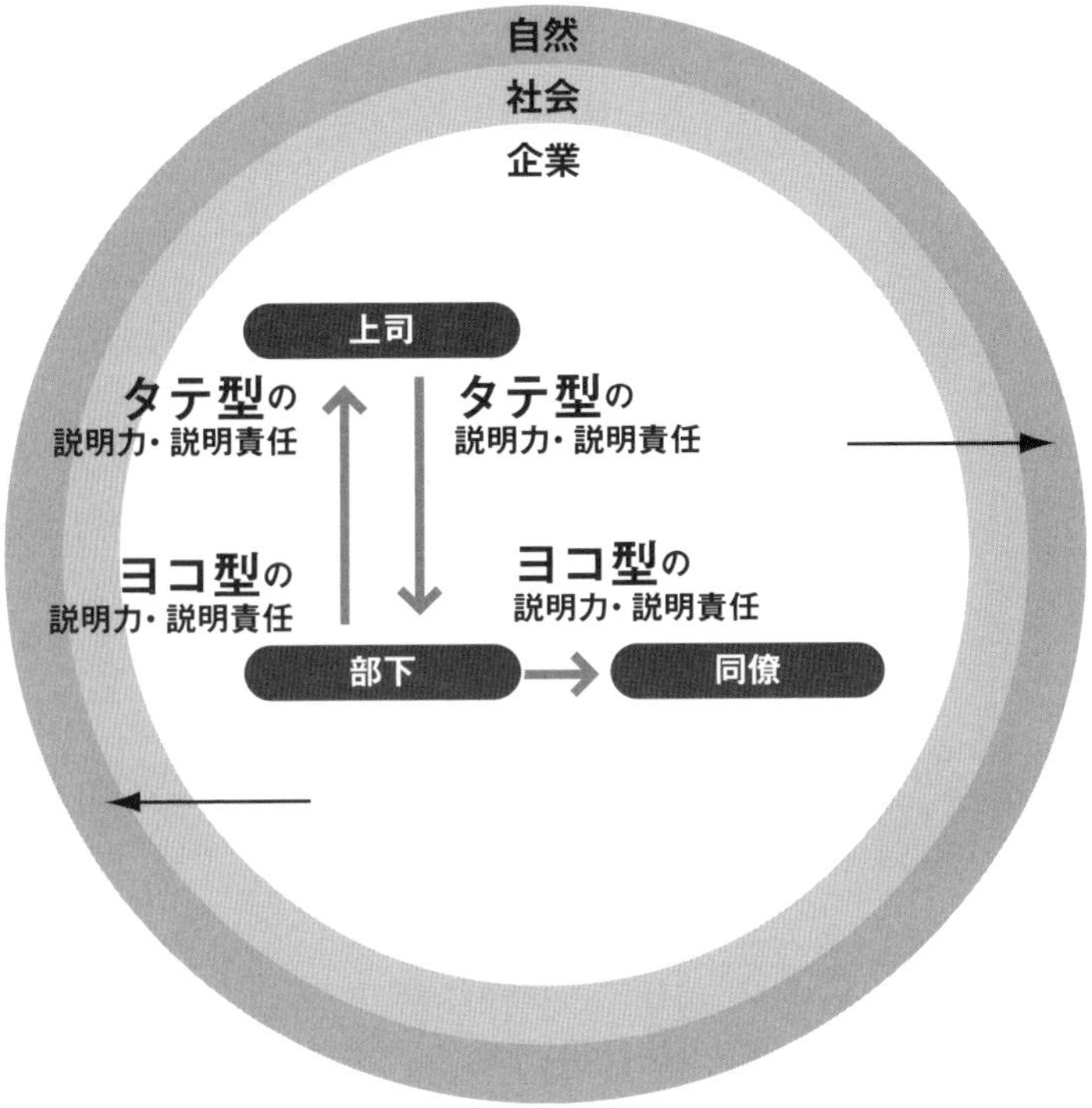

現代社会は、説明力・説明責任ネットワークから成り立っています。

任が絶対に必要であり、相手が納得しなければ、決して成功するものではないからです。

各支店での支店長が行う各賞与に対する説明力を、実際に落合は、社内モニター画面で見て、「説明がなっていない」「あの説明ではダメだ」と、評価しています。

落合は、テレビなどで「成果主義を実行しているだけです」とかんたんに言っていますが、単なる成果主義ではなく、説明力・説明責任が同時に必要不可欠であることを熟知しているのです。

したがって、西武信用金庫自体が説明力・説明責任に長けてきているといってよいと思いますし、経営者、管理者が仕事をしながら教育されていく形になっているのです。

たとえば、支店長と課長は、野球の打撃における1番と4番の違いであり、それは、AKB48のセンターと後ろの違いです。

4番は、長打力が1番の3～4倍ですが、支店長の場合、西武信用金庫では72店（２０１６年９月現在）あり、本店長からある程度序列がありますから、彼らは、ライバルとして丁々発止しているわけです。

ですから、１番上の４，０００万円程度もらうところから支店長の一番下の１，２００万円もらう支店長まで結構違うわけです。

実際、32歳で支店長になった人もいます。

落合はこう言っています。


たとえば、５００を超える事業仕分け、業務仕分けについて、ひとつひとつ、「これは、大変かもしれないけど、こういう理由だからやるよ」とか、「これは、確かに言われるようにやめていきましょう」「これは、こういうふうに変える。なぜならば、変革期というのはこういう時代だからね」と、懇切丁寧に説明しています。


このことによって、今度は肌身で仕事がわかるようになり、大きく意識を変えていくことにつながりました。

まさに、経営現場での説明力・説明責任です。

人の輪のネットワーク化は重要

――情報社会における哲学

前述した、亜細亜大学卒業式の祝辞で落合が述べた「情報社会におけるネットワーク化」ですが、実際は人の輪のネットワーク化です。落合は言います。

皆さん方も、これから大学で勉強して将来社会人になったときには、外の力をうまく使った、自分の力を外の力と合わせてさらに強化する人的ネットワークが大事になってきます。

たとえば、ＯＢ会も、もし皆さん方が東京の会社に就職して、誰も知っている人のいない沖縄に転勤になったとしても、その沖縄のＯＢ会の支部の中に、商工会の会長さんや地域経済の有力者がいるはずですから、そのOB会の支部総会に出て、〝私は今度沖縄に初めてきましたが、こういうことをやりたいのでどこか紹介してくれますか〟と言ったら紹介してくれます。

学生時代は、一緒に勉強したことも会ったこともなくとも、同じ大学のOBだと言うと、急に心を許して応援することができるのは、すごい信頼関係で強いネットワークです。

こういうネットワークを使うと自分やビジネスの課題解決能力が上がっていくので、皆さん方もぜひうまく使って自分の職場人生を充実させていただきたいと思います。

落合が現実に、OB会でいろいろな相談にのっている現場を著者は、何十回となく見ています。人間のネットワーク化は、仕事や現実に人生に大きな役立ちを果たしますが、年月が経つほど価値のあるものとなります。

とても大事な哲学です。

逆転（ひらめき）の発想で柔軟に対応

――少子高齢化社会を視野に入れる

「逆転の発想」というのが正しいかどうかは別にして、西武信用金庫はこれからの日本の成熟社会、実際は少子高齢化社会を前提とした未来戦略を展開していると考えられます。

たとえば「小よく大を制す」「多くの金融機関が、都心の店舗を閉めて郊外に行っているのに対して都心に店舗を出していく」「マイナス金利の実施については、長期預金の金利を上げる」といったユニークな施策を次々に実行しています。

「営業地域」に対する逆転の発想（未来戦略）

落合は言います。

西武信用金庫は、東京都全域と神奈川、埼玉の一部に営業エリアを持つ地域金融機関です。

最近神奈川を入れたのは、道州制を意識した店舗網をつくるためです。

そして、多くの金融機関は都心の店舗を閉めて郊外に行っていますが、西武信用金庫は都心に店舗を出しています。

神田支店をはじめ、日テレ通り支店、虎ノ門支店、日本橋支店等です。

その理由ですが、いまは高齢化対策よりも少子化対策を取らなければなりませんが、まだ、国は手を打てていません。したがって、これから20年間は少子高齢化が続いて、生産労働人口が伸びない。

そう考えると、勝ち組のところでビジネスを広げなければいけないし、ポートフォリオと言って都下の人たちの資産を都内に再移転しなければいけないからです。

少子高齢化が続く20年間を想定した未来戦略と言って良いでしょう。

「マイナス金利」に対する逆転の発想（お客さま本位の基本戦略）

２０１６年1月下旬の日銀政策決定会合で、日本で初めてとなる「マイナス金利」の導入が決定されました。

マイナス金利とは、預金すると預金者が銀行に金利を支払わなければならないことですが、今度の日銀の決定は、日本銀行と他の金融機関の金利の話であって、各金融機関がこれから日銀に新しく預金する場合、各金融機関が日銀に金利（0.1％）を払うことです。

２０１６年3月1日、落合理事長は、２０１６年3月1日から、これに逆行して預金金利の引き上げと貸出金利の引き下げを同時決定しました。

日銀のマイナス金利導入後、金融機関が預金金利の引き下げに走っている中で、まったく逆方向の決定をしたのです。

定期預金金利の引き上げです。

そして、貸出については、通常融資金利から最大50％引き下げる優遇レートの適用です。

これは、預金の集中を恐れず、集まった預金は、ポジティブに融資に回すという自信の表れであると考えられます。

これは、変革期には、資金需要がないはずはないという考えと中小企業の支援に徹するという戦略そのものです。


落合は言います。

西武信用金庫が変わっているのではなく、他の金融機関が変わっているのです。

日銀は多くのリスクを取り、日本で初めてマイナス金利政策を導入して経済を活性化させようとしています。

国や公的機関がとる政策には、メリットとデメリットが必ずありますが、マイナス面を見て経営するとどんどんマイナスの結果となります。

経営者は、メリットにスポットを当てるべきでしょう。

顧客や地域経済、そして究極は、日本経済にメリットを与えるような政策をとるのが実務家の仕事です。

低い預金金利をさらに下げて収益に影響するかと言えば大したことはないのです。

それより、政策目的を考えた場合、預金金利を引き下げて消費者心理を下げることのほうがよほど大きな問題でしょう。

私たちの預貸率は76・05%（2016年3月決算）で、信用金庫業界の平均47%より圧倒的に高く、24%しか運用に回していないのです。

おそらく5億円位の減益要素ですが、他の預貸率の低い大きな金融機関は10億円、20億円の影響となるでしょう。

全然心配ないです。

貸出金は2010年以降、どんどん増えている（第1章　21・23ページ参照のこと）。

業界全体が減っている中、西武信用金庫は融資を伸ばしています。

成熟社会で資金需要がないというが、この変革期に資金需要がないはずはないのです。

西武信用金庫には、お客さま支援センターという総合コンサルティングがあり、お客さまの課題を解決し、元気にすると資金需要が必ず出ます。

預金が集まり過ぎても全然かまわない。

貸出金のほうがメリットであり、もっと増えると思っています。

かえって、預金が足りなくなるのではないかと心配しています。


このように、経済環境や国の政策を十分に考慮しながら、ポジティブな戦略を打ち出していくのが西武信用金庫の戦略なのです。これは、第1章での西武信用金庫の10年間の業績推移を見ていただきましたが、落合就任後の２０１１年以降の推移に明らかに映し出されています。

小よく大を制す（分散と集中の理論）

信用金庫にできて、メガバンクにできないことがあると落合は言います。

たとえば、メガバンクのように、景気変動によってうまくやると１兆円ぐらいの利益が上がり、７，０００〜８，０００億円の赤字にもなりますが、規模が大きいと一人ひとりに対してきめ細かいサービスができにくくなります。

デパートとブティックにたとえると、デパートは、品物が豊富で売り場面積も広いのですが、売り場面積に対する店員の数は１人ぐらいしかいないから、一人ひとりのお客様にアドバイスができません。

ブティックに行けば、小さいけれども１店で品ぞろえがたくさんあって、その人の肌の色やスタイルを見て、いろいろなアドバイスができるわけです。

小さいところは一人ひとり時間をかけられますが、大きいところは１行員当たり１００名を対象にしたら時間をかけられないので、大にできなくて小にできるのは一人ひとりに徹底したアドバイスをすることです。

そのことによって付加価値が高まると、非効率が効率になるという経済理論があります。

1軒1軒訪問することや、お客さまを100人ではなく10人しか持たないことは非効率ですが、100倍、あるいは10倍の付加価値の高い仕事をしたら非効率が効率に変わります。

だから、ブティックは売り場面積も小さいし、商品の数も少ないですが、利益はデパートより上がるわけです。

ですから、まったく同じことをやるならば規模の大きいほうが勝ちますが、大ができないことをやると圧倒的に小さいほうが勝ちます。

たとえば、ある大手電機メーカーは、自分で商品開発しないで、たとえば中堅メーカーが開発した新しい洗濯機を少しだけ変えたものをつくって売り出していたので、圧倒的に大手メーカーの洗濯機が売れていました。

規模の大きい企業が成長するためには、研究開発は、自分より規模の小さいライバル企業にさせて、すぐにおなじようなものをつくってネットワークで売るという戦略です。

また、小規模な一私立大学でも、東京大学と比べると圧倒的に規模は小さいですが、よそが苦手にするところに一点集中することで小が大に勝つことができます。

このことを分散と集中の理論と言います。

困っている一人ひとりの問題を解決することは、メガバンクはできないけれどもすごく大事なことだから、西武信用金庫は、これを中心にやろうとしましたが、自分たちだけではできないので3万人の専門家の力を借りています。

このように小でも、重点を決めて、これに一点集中することによって小よく大を制することができます。

そのためには、戦略や戦術が必要となるのです。

著者は「戦略とは重点を決める」ことであると20数年前に『重点システ

ム思考』という本で述べました。

たとえば扇子を想像してみてください。扇子の重点は開いたり閉じたりするポッチ（要）の部分です。よく「扇の要《かなめ》」と言いますね。最も大事なこと（もの）という意味です。物事には必ず「扇の要」がありますから、これを重点として決定することこそが「戦略」と、著者は考えています。そして、これを「誰が」「いつ」「どこで」「なぜ」「何を」「どのように」するのか（6Wまたは5W1H）が「戦術」であると考えています。

西武信用金庫は、お客さま支援センター（総合コンサルバンキング化）を重点として、そのために3万人を超える専門家を準備し、不足している能力を外部人財で補っています。融資先の倒産を防ぐことに注力し、終身雇用制を維持しながら定年制を廃止し、人事考課を有効に使い、中小企業育成を徹底し、中小企業経営者が安心して事業に邁進できるようにしていこうとしています。

このことによって、「小よく大を制する」ことになります。

社会人に向けての心構え

――ポジティブ・自責・目標・自分をほめる・プロ意識、そして心の化粧を！

落合は、社会人の心構えとして、６つの哲学を示しています。重複を恐れずにあげますと次の通りです。

社会人として成功するための心構えが６つあると落合は言います。

人生を活きる場合、ネガティブよりポジティブが良い

たとえば、落合は言います。

一つ目は、人生はネガティブよりポジティブがいい。

新人が入ってくると、優秀な人には3年生の仕事を渡したときに、３年生の仕事をもらった人間が「1年生の私に3年生の重要な仕事をさせてくれる。」とポジティブに思ったら、この仕事は楽しくなるし、一生懸命やるから結果はよくなります。

しかし、「1年生の給料なのに、なぜ、3年生の仕事をさせるのか」とネガティブに捉えると、仕事はぜんぜん楽しくないし、結果は悪くなって、その人には、次のチャンスは来なくなるという話をします。(再掲)

このように、ポジティブな気持ちをもつ癖をつけることは大事です。

新人の場合は、とにもかくにもファ

● **落合寛司が掲げる「6つの心構え」**

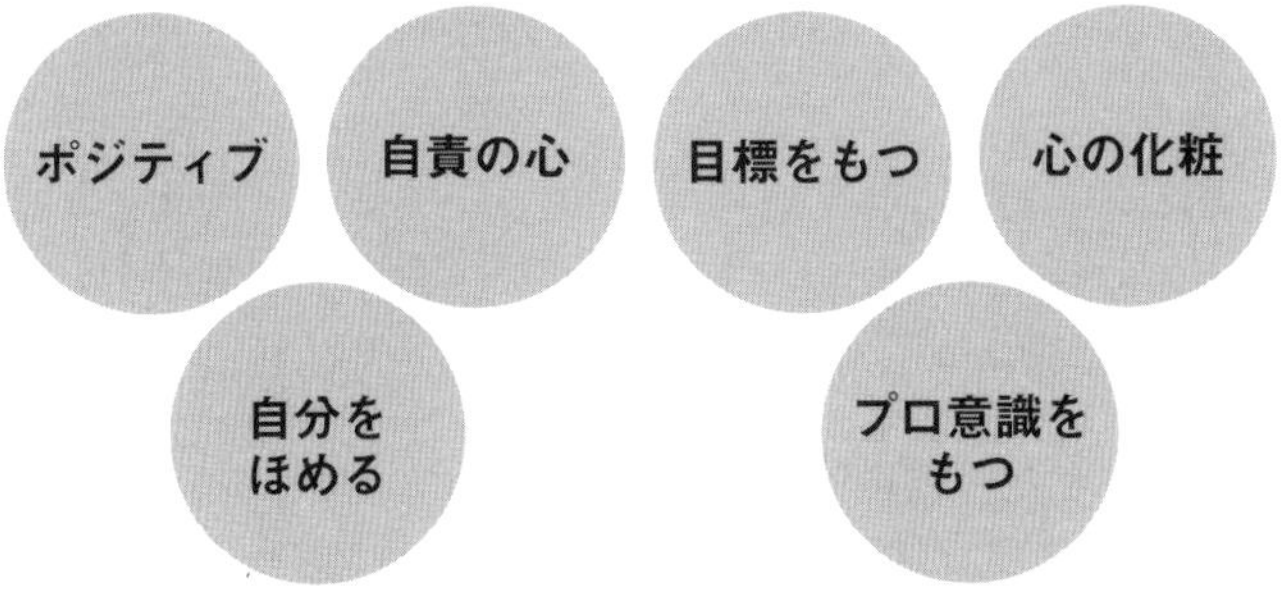

どれも成功するための心構えです。

イトで、がむしゃらでも良いから一心に、真心を込めて与えられた仕事をこなすことです。

「豊臣秀吉の織田信長に仕え初めの草履取りの時のようにです」

この仕事は嫌だとか、自分に合っていないとか、いろいろな理由をつけて、自分の好きなことだけやるのだということではいけません。一心に天職と思ってやることです。その誠意が必要なのです。

自責の心をもつ

落合は言います。

二つ目は、変革期でなかなか物事がうまくいかないときに、親がいけない、家庭がいけない、世の中がいけないといっても自分の問題は何も解決しません。

でも、この世の中でもうまくやっている人は、自分と何が違うのか、自分のどこが改善すべきなのかという自責の心で物事を見ると、結構問題は解決します。

中村天風師は、運命には、天命と宿命があって、天命はどうしようもないことですが、宿命は、自分で変えることができるものとしています。（参考：『運命を拓く』「第6章　人生と運命」講談社）

宿命が多くなるわけですから、これをコントロールして天風師が言う、光り輝く人生にすることが大切となります。

天命とは、男として生まれ、女として生まれることは選べないことです。生まれてくる時代を選べないということです。

自責の念をもつ

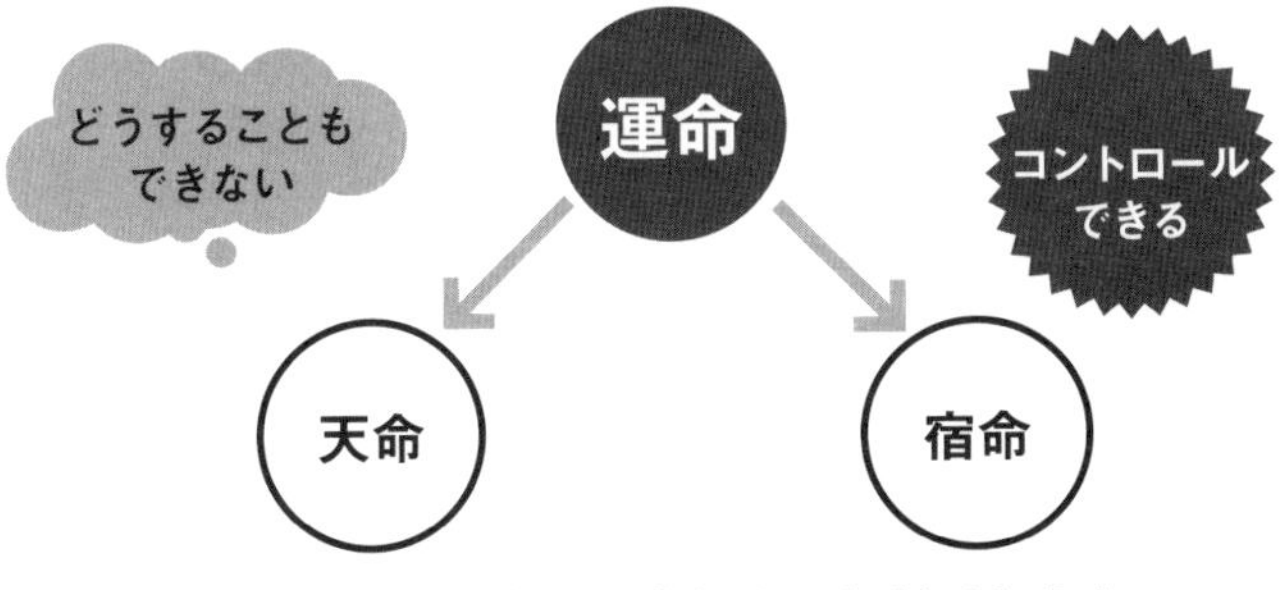

運命（宿命）は自分で変えることができます。

人が「運命」と言っているのは、天風師に言わせると「宿命」で、宿命は、自分で変えることができるというのです。著者も本当にそう思います。

目標をもつ

自分のために、目標をもつことです。これは、いろんなところでいろんな形で言われることですが、落合は、学生時代、心理学、特に産業カウンセリングに目標をもち、勉強したということです。

落合は言います。

まず、大学を出たのだから、誰にも負けないような専門知識を身に付けたいと思っていました。

自分の価値観を探すには、この人から何を学ぼうかという気持ちがないと見えませんが、大学の先生は、専門家ですから必ずいいものを持っています。ですから、空いた時間にいろいろな先生の授業を聴いていたら単位がオーバーして、これでは専門課程が取れないと、教養課程から専門課程に行くときに学生部に呼び出されました。

そのときに、成績がよくないものは10個ぐらい消したので私（落合）の成績はいいのです。

たくさんの授業を聴いたことがきっかけで人に興味を持ち、カウンセリングに興味を持ちました。

これからどんな社会に出るかわからないけれども、きっと人と接するだろう、そのときに人の気持ちがわからなければ、きっと交渉も相手に訴えることもなかなかできないだろうと思って、心理学を勉強し、カウンセリングを勉強しました。

カウンセリングには、たとえば、今日まで見えていた目が事故で見えなくなってしまって絶望する人たちに対して、医療面からいろいろなカウンセリングをする医療カウンセリングのほかに、当時埼玉大学にいた野原蓉子教授の産業カウンセリングというものを知り、〝これだ〟と思って、大学の空いた時間には、産業カウンセリングの勉強をしていました。

このことで、人の心がある程度理解でき、いまこの人はこういうことを求めている、これ以上セールスするときっと怒るだろうなど、いろいろな言葉の使い方でわかってきて、金融機関に入って営業をしたときに大変役立ちました。

そのあとで話し方を勉強したことが次のステップへつながりました。

大学時代に見つけた目標とはきっと産業カウンセリングだと思います。

現在でも、落合は、公私ともにカウンセリングをしていることをよく見かけます。要するに、大学ではもちろん、社会人になっても飽くなき目標をもつことはとても大事なことです。

それが、高尚なほど良いわけで、実は実現しやすいのです。

自分で自分をほめてやること

落合は、言います。

スポーツ選手が金メダルを取ったら、自分をほめてやりたい、自分の好きなことをやってあげたいとよく言っていますが、人間は弱いですから、動機づけするには自分をほめる習慣をつけることがすごく大事です。

どうやってほめるかというと、大きな目標のために小さな目標をいっぱいつくり、それを達成する都度自分の好きなことをするのでもいいし、そもそも達成した満足感が自分をほめたことになり、次の目標達成につながります。

ですから、スポーツの世界でも練習試合をして勝ち癖をつけ、勝った喜びを体験したいから苦しい練習をするのです。

著者も、講演でよく自分をほめてやりたいという有森裕子さんの例を出しますが、心の中で自分もほめ、他人もほめたいものです。

中村天風師は言います。

「私の人生観はね、よろしいか、〝苦しみを忍ぶとか、あるいは辛さを忍ぶというような、忍苦忍耐よりは、自己の命に——ここが聞きどころなんだよ——できるだけ喜びを多く味わわせて人生に生きる、そこに本当の生きがいがある〟というのが私の人生観なんだ」

（参考：『盛大な人生』中村天風述　２０５～２０７ページ　日本経営合理化協会出版局）

一流のプロ意識をもつ

落合は、言います。

五つ目は、学生も社会人もプロ、一流の意識をもつことがすごく重要です。どんなものでも良いから一流に近づき、一流にならないとだめなのです。一流になるには、一流と付き合うのです。

女性は、ブランドバックをよくお持ちですが、1～2年使って初めて良さがわかります。

一流の良さをよく身に付けることです。

このことは、非常に重要なことで、できるだけ一流の人と付き合うと、一流の人はポジティブで何かを持っているからどんな世界でも一流と言われるのですからいろいろと教わることが多いからです。

心の化粧をする

１６８ページでも紹介しましたが大事なことですので改めて。

落合は、言います。

六つ目は、心の化粧をすることです。

表面の化粧はいくらでもできますが、思いやりの心や忙しい中でもゆとりを持つことはすごく大事なので、心の充実感をたくさんもつべきです。


前述しましたように、われわれが生存・生活するには、活きる道具である心と肉体が必要不可欠です。しかし、肉体の顔は化粧しますが、心の化粧をする人は、少ないようです。

顔の化粧が大切なように、心も美しく、怒らず、怖れず、悲しまず、怒る気持ち、怖れる気持ち、悲しい気持ちが起きたら心を転換して心の美しさを保ちましょう。

本書のまとめ

最後に、落合西武信用金庫の進化向上の原点と今後の目標を見て、本書を閉じることとしたいと思います。

発展の原点――立川南口支店長時代に総合バンキングの原型を思いつく

落合は、1998年、きびしい条件の下で立川南口支店の支店長を拝命したのですが、65億円の預貸合計での増加というノルマを与えられました。従来のやり方では、達成は絶対に不可能であるという判断のもと、当時の融資相手先にその課題と悩みを聴いたところ、税金対策に苦慮していることが多いことがわかりました。そこで複数の税理士さんを専門家として活用したところ、貸出先が増え、86億円の預貸金増となりました。これが外部専門家の活用のきっかけとなったのです。

西武信用金庫の寄付講座において、２０１４年から見て15年前から、西部信用金庫の経営のやり方が変わったという、講師をつとめた、２〜３人の従業員の方々の意見があります。講義内容における「15年前」とは１９９９年、落合の立川南口支店長への拝命が１９９８年ですので、つじつまが合います。

まさに上記の複数の税理士さんを外部専門家として活用したことが現在のお客さま支援センターを中心とした総合バンキング化を中核とする西武信用金庫の経営戦略の原点であると同時に、落合自身の「プロ経営者」の原点でもあったのです。

本店勤務が長かった落合にとって、大きな転換点が、この立川南口支店の支店長への配属です。ちょうど平成信用金庫との合併もあり、西武信用金庫の転換でもあったのです。

現在の成功の原点は、まさにここにあったのです。

今後の目標——地域金融機関として、新しい事業を創造する

最後に、落合は、今後の西武信用金庫の目標について、次のように言っています。

西武信用金庫は、真の協同組織の地域金融機関をつくりあげ、真に日本経済に役立つ地域金融機関になろうとしています。

地域や事業者、そして個人のお客さまの課題をなくしたり、小さくし、すべてが変革期のなかで安心して積極的にリスクを取り、変化に対応し発展していくための金融システムを目指したいのです。

そのため、いろいろなものを調整しているところです。

たとえば、

(1) （中小企業に対しては、実現できるかどうかわかりませんが）メインの取引先は、つぶさないという保証制度の設置（2016年3月決算で実現の方向で進んでいる：著者注）

(2)　取引先の業況が悪化するとリスクがあるため、通常だと高くなる貸出金利を安くする方法の開発

(3)　企業が海外に出るために10～20億円といった大きな投資をする際、失敗した時には、半分だけ返せばいい代わりに、成功したら2年間だけその事業から上がる利益をもらう参加型金融の実施

などで日本経済の屋台骨を支える中小企業を徹底的に育成し、中小企業の経営者が安心して経営できる体制整備をしていきたい。

このように街や企業や住民の課題を解決して、過去にはない存在感のある金融機関になるというのが、西武信用金庫の一番大きなゴールです。

落合は、西武信用金庫という協同組織の一地域金融機関と中小企業の未来のあり方について真剣に新しい事業モデルを創造しようとしています。

さらに、現在の安倍内閣の経済財政諮問会議政策コメンテーター委員会の政策コメンテーターとして活躍をしています。わが国経済を支えている

のは、大企業はもちろんですが、圧倒的な数で中小企業が支えているのであり、その絶対的支援をしていこうとしているわけです。

年齢による定年制の廃止――終身雇用制度を前提とした、3つの選択

西武信用金庫の一律年齢による定年制度の廃止は、ただ単なる欧米の定年のない労働体制ではなく、あの日産の奇跡的なV字回復を成功させたカルロス・ゴーンさんが言った、日本的経営のすごさである終身雇用を前提としていることが大きな成長要因になっています。

もちろん、退職金や年金の計算関係から60歳ないしは65歳ということが一つの岐路になるわけですが、それは日本的経営の優れた制度である終身雇用制を廃止したのではなく、あくまでも終身雇用制度を前提とし、それに基づいて3つの選択をしてもらうのです。

そういう意味での定年制の廃止ですので、最も優れた決断といえます。

おそらく、日本のこれからの雇用制度の原点となる予感がします。

少子高齢化時代での体質改善——変革期における3つの施策

変革期においても成長し続けるための施策として3つのポイントが挙げられます。

1．変化への方針を明確にした

つまり意識の改革です。

それは、具体的には、お客さまの目線で、つまりマーケティング戦略における「お客さまの笑顔を」という考え方を、会社全体の意識改革に目線を変えさせたことにあります。つまり、より具体的に変化を分析し、事業ないし業務について、変えるものと変えないものとを見極め、仕分けを行いました。

このような意識改革の成功は、大学への寄付講座で各従業員の方々が行っている講義録で明らかです（亜細亜大学経済学部講義録・西武信用金庫寄付講座「地域社会における地域金融機関の新たな役割」）。

2．生産性向上戦略により現場の活力を強化した行動改革です。

落合が常に言っているポジティブ人間（前向きで、積極的な）人材の育成です。たとえば、執行役員支店長の立候補制・定年制見直しと賞罰の再検討、提案制度導入などです。

3．行動改革をして心構えを徹底したこと

これも行動改革です。

たとえば、何事にもポジティブに取り組むようにする改革です。お客さま目線で、自分のために働く意識、プロ意識、緊張感と自責で改善意欲をもち、付加価値の高い仕事をします。

仕事の納期や約束を守るといった行動改革を行って、生産性・業績向上を達成するのです。

あとがき

私（著者）がみる限り、上場会社では、あくまでも財務や会計だけの話ですけれども、最も優れている会社は、ファナックと小野薬品工業があげられます。

しかし、ファナックについては2ちゃんねるがかしましいくらい、うるさくて、それは労働時間の問題とか、厳しい労働環境とかに関することが圧倒的です。真実かどうかはわかりませんが、問題であると思われます。

役員が1億円以上の報酬でロボットがロボットを作っているのですから人件費率も低く大きな蓄積もあり、財務的、会計的には問題ない会社なのですが、著者の説明力・説明責任（アカウンタビリティ）研究では、財務や会計を除いて優れている会社は、次ページの通りです。

さて、これに対して西武信用金庫はどうかということです。

● 現代企業における経営評価の進化の度合い

現在の状態	進化の評価
給料安く、過酷な労働	下の下 （ブラック企業）
給料安く、普通の労働	下 （灰色グレイ企業）
給料高く、過酷な企業	中の下 （灰色グレイ企業）
給料普通（平均）で、 普通の労働	中 （ホワイト企業）
給料高く、説明責任で経営	上 （理想の企業）

説明力・説明責任の質が高いほどすぐれた経営が実現できる

これは、あくまでも著者の私見ですが、業績については上場会社ではないが、東京都を中心とした一地方（地域）金融機関としては、文句なしです。また、２ちゃんねるもうるさくなく、本当の意味で「小よく大を制す」です。業績以外の点でも、優良企業で、前ページの表では、理想の企業にきわめて近い企業ということができます。

ここで次のようなエピソードがあります。

西武信用金庫の20代の従業員の年収で1，000万円を超す人が出ました。「もらいすぎでないの？」と落合が言ったら、その本人からは「出し過ぎではないのですか」と言われたそうです。

著者は、小さくとも日本企業では、中小企業が、実際を、つまり本当の日本経済を支える予感がします。

それこそ「小よく大を制す」で派手な上場企業は今後衰退していくでしょう。

これに対して、中小企業が日本を救うようになるかもしれません。

一九八〇年代に土光敏夫さんが、日本を再生した時の日本の借金額は100兆円超、今やその10倍の1,000兆円超となってしまったのです。

著者は、今こそ中小企業を絶対にして積極的（ポジティブ）に支援する落合寛司と西武信用金庫に満腔の応援を贈りたいと思います。

〝よりもっと絶対にポジティブに前向きに、小さいながら日本再生の礎となってほしいし、できるかぎり、体力が続く限り、西武信用金庫のトップとして元気にやっていただきたい！〟と。


衷心より祈っております。

碓氷　悟史

参考文献

「地域社会における地域金融機関の新たな役割―西武信用金庫寄付講座―」２０１４　亜細亜大学経済学部　平成26年度経済学特講Ⅱ
「落合寛司さん―真の協同組織である金融機関を追求とことんお客さまを守る経営に挑戦するリーダー」シリーズ挑戦する経営者　第１５４回、企業診断２０１６／３ 同友館
『労働法　第2版』水町勇一郎　２００８年3月　有斐閣
「販売対象の再認識とマーケティング活動」
大友純　販売士　２０１４・09月号　一般社団法人日本販売士協会
「中小企業診断士に期待する―第1回西武信用金庫が一番大切にしていること、第2回西武信用金庫での中小企業診断士の育成と活用―」Ｊ-Ｎｅｔ21　中小機構　取材日　２０１３年12月10日
「対談：地域金融のビジョン」西武信用金庫理事長　落合寛司氏、東京大学政策ビジョン研究センター長、工学系研究科　教授　坂田一郎　東京大学政策ビジョン研究センター　２０１５／１／23
「二極化する信金」週刊東洋経済　２０１６・３・26
「信用金庫の光と影」週刊ダイヤモンド　２０１４／02／22
「信用金庫が中小企業のＩＴ経営支援を行う理由とは？　落合理事長に聞く」
中小企業のＩＴマガジン　ＣＯＭＰＡＳＳ　２０１５年夏号　２０１５・09・01

「〔トップは語る〕 西武信用金庫理事長・落合寛司さん（64）」 Ｓａｎｋｅｉ Ｂｉｚ ２０１４・5・23

「成熟社会こそ自らの変化を 小が大に勝つ〔非価格競争力〕」
落合寛司（西武信用金庫理事長） 事業構想２０１５年2月号 事業構想大学院大学

「暮らしを守る研究会第6回勉強会、西武信金の落合理事長から中小企業支援策を聞く」
民主党広報委員会 ２０１４年03月13日

「〔提言〕 中小企業が元気になれば雇用も安定する」 民主党広報委員会 ２０１４年05月17日

「西武信用金庫 落合寛司理事長 同じ金融機関でも小にできて大にできないことがある」
http//biglife21.com/society/970/

「〔大人の社会科〕 パセリアカデミーＢＳ11山口義行の中小企業新聞」 ２０１３年7月24日放送、地域金融機関の事業創造支援 ２０１３／11／19 立教大学経済学部教授 山口義行 西武信用金庫理事長 落合寛司

「西武信用金庫 一律での定年廃止で50代が前向きに」 ＺａＫＺａＫ by 夕刊フジ２０１５・06・03

「定年制廃止で活力ある組織つくりを目指す」 西村晃のマーケティングの達人 大繁盛の法則

「西武信用金庫〔顧客ニーズの解決〕に高年齢はプラス」 ＺａＫＺａＫ by 夕刊フジ２０１５・05・27

『成功の実現』 中村天風述 日本経営合理化協会出版局 １９９６年9月

『盛大な人生』 中村天風述 日本経営合理化協会出版局 １９９９年3月

『心に成功の炎を』 中村天風述 日本経営合理化協会出版局 2008年3月
『いつまでも若々しく生きる』中村天風述 日本経営合理化協会出版局 1998年7月
『研心抄』 中村天風著 公益財団法人天風会 2012年12月
『錬身抄』 中村天風著 公益財団法人天風会 2014年6月
『安定打坐考抄』 中村天風著 公益財団法人天風会 2012年8月
『君に成功を贈る』 中村天風述 日本経営合理化協会出版局 2001年12月
『真理のひびき』 中村天風著 講談社 2014年4月
『叡智のひびき』 中村天風著 講談社 1997年8月
『天風先生座談』 宇野千代著 中村天風述 廣済堂文庫 2008年2月
『運命を拓く』 中村天風著 講談社 2012年7月
『20世紀 日本の経済人』 日本経済新聞社（編集） 日経ビジネス人文庫 2000年11月
『重点システム思考』 碓氷悟史著 中経出版 1993年8月
『アカウンタビリティ入門』 碓氷悟史著 中央経済社 2001年7月
『松下幸之助の人の動かし方』 藤井行夫著 三笠書房知的生きかた文庫 2000年11月
『松下幸之助夢を育てる』 松下幸之助著 日経ビジネス人文庫 2005年9月
『真人生の探究』 中村天風著 公益財団法人天風会 2013年12月
『学年ビリのギャルが1年で偏差値を40上げて慶應大学に現役合格した話』坪田信貴著 KADOKAWA 2013年12月
『強烈なオヤジが高校も塾も通わせずに3人の息子を京都大学に放り込んだ話』宝槻 泰伸 著 徳間書店 2014年8月

著者紹介

碓氷悟史（うすい・さとし）

公認会計士、亜細亜大学名誉教授
NPO 心創り・智慧創り研究所所長
明治大学リバティアカデミー講師

1944 年宮城県生まれ。72 年明治大学大学院商学研究科博士課程を修了後、亜細亜大学専任講師、80 年より亜細亜大学経営学部教授。日本経済短期大学部長、学長付、就職委員長、学生委員長、入試委員長を務める。大学院・大学校で教鞭をとるかたわら会計戦略コンサルタントとして実務界で活躍、また経営者向けや会社研修などでの数多くの講演は、親切丁寧で分かりやすいと評判。1 部上場会社からベンチャー企業まで、メーカー業から金融機関まで、数多くの企業分析をてがけ、説明力・説明責任（アカウンタビリティ）研究の第一人者として知られる。
著書に『ここがツボ！ 3つの数字だけでわかる決算書の読み方』（同文舘出版）、『日産のＶ字回復を会計で読む！』『決算書の超かんたんな読み方』（以上、中経出版　現：KADOKAWA）、『アカウンタビリティ入門』（中央経済社）等50冊あり。70 年に日本公認会計士協会会員。組織的監査に関する体系的研究書『組織的監査論』（同文舘出版）で第 14 回日本公認会計士協会学術賞受賞。なお 67 年 10 月から 80 年 9 月まで監査法人太田哲三事務所（現在、新日本監査法人）に協力者として勤務。

西武信用金庫《せいぶしんようきんこ》はお客《きゃく》さまを絶対的《ぜったいてき》に支援《しえん》する　〈検印省略〉

2016年　11　月　29　日　第　1　刷発行
2017年　2　月　25　日　第　3　刷発行

著　者――碓氷　悟史（うすい・さとし）
発行者――佐藤　和夫

発行所――株式会社あさ出版
〒171-0022 東京都豊島区南池袋 2-9-9 第一池袋ホワイトビル 6F
電　話　03（3983）3225（販売）
　　　　03（3983）3227（編集）
F A X　03（3983）3226
U R L　http://www.asa21.com/
E-mail　info@asa21.com
振　替　00160-1-720619

印刷・製本　神谷印刷（株）
乱丁本・落丁本はお取替え致します。

facebook　http://www.facebook.com/asapublishing
twitter　http://twitter.com/asapublishing

©Satoshi Usui 2016 Printed in Japan

ISBN978-4-86063-939-6 C2034